PRISONNIER DES ALLEMANDS

Nihil obstat

F. Delmas,
sup. Sem. Miss. ad Ext.

Imprimatur :

Parisiis, die 27ª augusti 1915.

G. Lefebvre,
vic. gen.

L'auteur de ces pages, prêtre de la Société des Missions-Étrangères, infirmier militaire, fut, contrairement à tout droit, fait prisonnier par les Allemands dans l'ambulance de Cuts (Oise), le 17 septembre 1914.

Lors de l'échange des prisonniers, il bénéficia de bonne heure de cette mesure, et rentra en France en juillet 1915. Il avait donc été détenu près de dix mois.

Pendant son rapide passage dans notre Séminaire, il nous a raconté ses premières semaines de campagne, et nous a donné de nombreux détails sur l'existence des prisonniers français, telle qu'il l'a vue et telle qu'il l'a subie.

On sait que la situation de nos compatriotes, prisonniers des Allemands, n'est pas la même partout, que la discipline et l'entretien sont différents selon les ambulances, les camps de concentration ou les citadelles. Notre « infirmier militaire » nous a raconté les faits dont il avait été l'acteur ou le témoin, et si, parfois, il y ajoutait certaines choses seulement entendues, c'est que leur authenticité sérieusement affirmée et prouvée lui paraissait hors de doute. C'était un récit vécu, entièrement exact, et combien intéressant.

Avec quelle émotion nous l'écoutions ! Ces prisonniers, dont il nous parlait, ce sont nos frères, nos parents, nos amis ; notre regard les cherche, et notre cœur vit avec eux sur la terre étrangère. Savoir quelque chose de leur sort est une joie, douloureuse parfois, mais toujours désirée. Beaucoup seraient heureux d'entendre ces détails ! Et les familles anxieuses sur le sort de ceux dont elles attendent impatiemment le retour, et les soldats qui, par leur courage, hâteront la délivrance des captifs, leurs anciens compagnons d'armes, et tant d'autres.

Qui donc aujourd'hui, en notre France, songe à autre chose qu'à la guerre et à ceux qu'elle a saisis et qu'elle retient ?

Cette pensée nous inspira de demander à notre confrère l'autorisation de publier son récit. Il y consentit, nous priant seulement de faire à ses notes un peu de toilette.

La prière n'était-elle pas superflue ?

Le voyageur, qui narre ses aventures, ayant encore sur ses vêtements la poussière des grandes routes récemment parcourues, et dans ses yeux les horizons qu'il vient de comtempler ; le combattant, qui, noir de poudre, raconte la latte dont il sort, ne relèvent-ils pas leurs paroles, leur accent, leurs gestes d'une vie intense et d'un intérêt puissant que n'atteignent pas la recherche et

Prisonnier des Allemands

PAR UN PRÊTRE
DE LA SOCIÉTÉ DES MISSIONS-ETRANGÈRES
INFIRMIER MILITAIRE

PARIS
P. LETHIELLEUX, LIBRAIRE-ÉDITEUR
10, RUE CASSETTE, 10

l'effort littéraires? La toilette n'a donc été ni longue ni compliquée.

Et maintenant, qu'elles partent, ces pages, imprégnées de vaillance, d'amour de la France et de Dieu; qu'elles aillent porter un peu de réconfort à ceux qui pleurent et à ceux qui souffrent, en leur montrant comment nos prisonniers supportent les longs mois de leur captivité, dans la patience, dans l'espoir, et aussi dans la foi.

Combien d'entre eux, en effet, sont revenus aux pratiques religieuses oubliées dans les ardeurs de la jeunesse, et retrouvées dans une heure de réflexion solitaire; combien d'autres ont été reconquis par elles au milieu des périls de la bataille.

Ils ont senti qu'à côté de la volonté et de l'activité humaines il était fortifiant, très doux, et si nécessaire de remonter à l'action divine, souveraine de toutes choses. Ils contresigneraient, j'en ai la conviction, ces lignes que je lis sur le Journal de route *d'un autre prêtre des Missions-Étrangères, aumônier volontaire, mort au champ d'honneur le 21 septembre dernier*[1] *: « On me rapporte un mot du général de C..., au moment où s'achevaient les préparatifs pour la grande attaque : « Nous avons mis à cette préparation « toute notre activité, tout notre savoir; au jour « de l'attaque, nous mettrons toutes nos forces, « tout notre courage; il ne nous reste plus qu'à « prier Dieu qu'il nous donne le succès. »*

A. L.

1. M. P.-M. Compagnon.

PRISONNIER DES ALLEMANDS

LA DEUXIÈME AMBULANCE

Le cinquième jour de la mobilisation, 7 août 1914, je reçus mon ordre d'appel. Infirmier de la 16e section, je devais, « immédiatement et sans délai » : selon la formule administrativement militaire, me rendre à mon dépôt à Perpignan.

Après avoir prié dans notre église, m'être placé sous la protection de la Bonne Mère et de nos Bienheureux Martyrs, avoir embrassé mes confrères, je me rendis à la gare de Lyon, que je trouvais bondée de soldats et de mobilisés accompagnés de leurs parents et de leurs amis.

J'avais gardé ma soutane, mais ma petite valise et ma feuille de route me donnaient bien l'air d'un réserviste ; personne ne s'y trompa. Des ouvriers mobilisés s'approchèrent de moi.

— Eh bien, Monsieur le curé, on part pour la guerre ? me demandèrent-ils sans façon.

— Oui, leur répondis-je, souriant.

— Alors, vive la calotte! cria l'un d'eux.

Je répondis par un vive la France! qu'une partie de la foule répéta.

De Paris à Perpignan, j'eus le temps de songer à bien des hommes et à bien des choses : aux camarades que je rencontrerais, aux blessés que je soignerais, aux accidents et même à la mort qui pouvaient m'atteindre.

On ne pense jamais à tout.

Dans mes réflexions, j'omis juste de rêver au sort qui m'était réservé.

J'arrivai à Perpignan le 9 août, et je m'en allai tout droit à l'hôpital militaire, centre de mon dépôt. La maison ne m'était pas inconnue ; j'y avais fait mes treize jours en 1912.

J'ai même gardé le souvenir d'une petite aventure qui m'y advint : grâce à mes cheveux gris, à ma barbe de même couleur, à mon teint bronzé par un séjour de onze ans dans l'Inde, le commandant avait hésité à croire à mon identité.

— C'est vous, G...., né à...., le..... 1876?

— Oui, mon commandant.

— Mais non, vous êtes plus vieux, qui remplacez-vous ?

— Je ne remplace personne, cela me paraît bien assez d'être ici pour mon propre compte.

Le brave commandant me regardait dans les yeux, scrutait tous les détails de ma physionomie, et demeurait perplexe, pour ne pas dire incrédule.

Il fallut que des camarades de la classe qui m'avaient connu au régiment, et qui reconnaissaient mes traits sous le bronze et ma tête sous la neige, l'assurassent de mon identité.

Cette fois, je n'eus besoin de personne pour me faire reconnaître. On se rappelait « du vieux, venant du fond de l'Asie pour faire treize jours de corvée », comme disaient les socialistes qui s'apitoyaient sur mon sort, afin de dauber sur le gouvernement.

Je repris le pantalon rouge, la tunique, la capote, à laquelle on ajouta le brassard de calicot blanc marqué de la croix rouge.

Autour de moi régnaient la fièvre des préparatifs, la tumultueuse activité du grand mouvement qui soulevait la France entière.

J'admirai l'entrain de tous : « Décidément on allait taper sur les Prussiens; depuis plus de quarante ans qu'ils brimaient le pays chaque fois qu'ils en avaient le prétexte ou non. Il faut que ça finisse. »

Le 11, on demanda des infirmiers volontaires pour la division d'Afrique. Je me présentai, et fus dès le lendemain envoyé à Lunel, pour la préparation du matériel de l'ambulance. La promenade dura vingt-quatre heures dans des wagons surchauffés par le soleil, et presque autant par le calorique des voyageurs et celui de leurs pipes.

Quand je parus devant le capitaine d'administration, il m'examina avec étonnement : « Mais vous êtes trop vieux pour faire campagne », me dit-il.

Toujours ma tête grise et mon teint bronzé.

— Je ne crois pas, mon capitaine, répondis-je modestement, je suis assez bon marcheur et ne crains pas trop la fatigue.

— Qu'est-ce que vous faites dans le civil?

— J'ai été missionnaire dans l'Inde et maintenant je suis professeur au séminaire des Missions-Étrangères.

Il y eut un instant de silence. Le capitaine hésitait, réfléchissait, il me semblait l'entendre: « Un missionnaire, oui, bon pour la campagne ; mais un missionnaire devenu professeur.... » Je me permis d'ajouter tout haut une réflexion à celles qu'il agitait silencieusement :

— Mon capitaine, on pourrait essayer, et puis, si ça ne va pas, vous me renverrez au dépôt.

Par bonté d'âme sans doute, il eut un geste vaguement approbateur.

Telle fut mon entrée dans la 2e ambulance de la division d'Afrique. Rien de triomphal.

Peut-être désirez-vous savoir d'une façon précise ce qu'était notre ambulance.

Le voici en quelques lignes :

C'était une ambulance de campagne. Elle comprenait une formation, c'est-à-dire une unité complète, avec son commandement, son administration, ses finances. Elle était dirigée par un médecin-major de 1re classe à quatre galons, ayant sous ses ordres 9 médecins, 1 pharmacien et 37 infirmiers divisés en infirmiers de visite, qui aident aux pansements, et infirmiers d'exploitation, destinés aux autres travaux.

Le matériel était sous la surveillance d'un capitaine d'administration, chargé du ravitaillement, de la comptabilité, et faisant fonctions d'officier d'État civil, puisqu'il enregistrait les morts.

Au total, il se composait d'une douzaine de voitures, pour le personnel, les instruments de chirurgie, les pansements, le ravitaillement, le linge, la tente Tortoise. Chaque voiture était attelée de deux chevaux conduits par des soldats, des « tringlots », que commandaient un maréchal des logis et un brigadier.

Notre ambulance avait pour rôle principal de donner les premiers soins aux blessés amenés par les infirmiers régimentaires et de les évacuer par les trains sanitaires.

On n'y devait pas faire de grandes opérations, pas soigner de malades.

Une ambulance de ce genre se tient à l'arrière et le plus près possible de l'armée. Tant que les troupes sont en marche, elle ne peut travailler, puisqu'il lui est impossible d'ouvrir les caisses, de préparer les pansements et surtout d'installer la tente. Ce n'est qu'à un arrêt prolongé, pendant une bataille de plusieurs jours, et surtout au lendemain d'une victoire, qu'elle s'établit et fonctionne en liberté. Autrement, elle ne fait rien, sinon précéder ou accompagner les troupes qui se retirent. Pour être utilisée, il lui faut la stabilité.

Retenez bien ceci, et rappelez-vous-le quand je vous raconterai que, pendant près de trois semaines, nous n'avons pas ouvert nos caisses, pas déployé notre tente, et que nous sommes restés infirmiers sans blessés au milieu des mourants et des blessés.

Notre ambulance se forme à Lunel ; nous emmagasinons dans nos voitures tous les objets nécessaires ; nous faisons l'exercice du montage de la tente Tortoise, ce qui ne va pas tout seul, car personne ou à peu près ne connaît le maniement de cet hôpital montable et démontable. Nous demandons des conseils et nous en recevons qui sont plus abondants que précis. Enfin, grâce à un sergent qui avait participé quelques années auparavant à une opération analogue, grâce à un petit livre bourré d'explications techniques, à beaucoup de bonne volonté et de patience, nous réussissons. La tente est debout, et tout de suite nous la démontons et la remontons. Après cette opération trois fois renouvelée, nous sommes maîtres de notre hôpital.

Le lendemain, le capitaine d'administration me confie la charge de la voiture qui renferme les instruments de chirurgie.

Il a déjà eu quelquefois l'occasion d'apprécier ma bonne volonté, car je fais tout ce qu'on me demande. Je le fais par devoir militaire, et aussi par devoir sacerdotal. Je crois qu'un prêtre, par honneur pour son sacerdoce, doit montrer l'exemple. Et puis le travail, de quelque nature qu'il soit, ne me répugne ni ne me fatigue. Aussi, en réparation de sa première et mauvaise opinion sur mes cheveux gris, le capitaine m'offre bientôt les galons de caporal. Je ne raconte pas cela par modestie, mais pour prouver que cet excellent homme savait à l'occasion reconnaître ses erreurs et le mérite... de ses subordonnés. Je refuse cependant le grade qu'il m'offre. Si j'aspirais à devenir général, j'accepterais ; mais je crois que sans les petites sardines vermillonnées je puis rendre quelques services aux blessés. Je ne propose pas cependant mon refus comme un exemple à suivre ; il peut y avoir des goûts différents et quand même excellents, et l'on a certainement le droit d'accepter d'être nommé caporal, sans que les critiques les plus pointilleux y trouvent à redire. Le soir du 14 août, tout est prêt, et notre médecin-chef nous dit brièvement qu'il est satisfait.

Ce major a servi en Afrique et en Indo-Chine ; c'est un homme de 45 ans, d'une taille au-dessus de la moyenne, assez gros, le visage brun orné d'une moustache noire, sobre de paroles et de gestes. Il se montrera cavalier d'une infatigable endurance, et commandera intelligemment et clairement sur un ton froid, presque dur, avec un calme imperturbable.

Les médecins et le pharmacien, tous à deux ou trois galons, sont des mobilisés, âgés de 25 à 40 ans, et originaires de la Bretagne, du Rouergue, de la Catalogne, etc.

Un instituteur et un marchand de parfums se sont transformés en nos deux sergents infirmiers.

Dans nos quatre caporaux, il y a un prêtre de la Lozère, un élève en pharmacie, un entrepreneur et un ouvrier.

Parmi les infirmiers sans galons, dont j'avais l'honneur de faire partie, on compte trois prêtres, un professeur de la Lozère, un vicaire de l'Aude, un missionnaire de l'Inde devenu professeur, un pasteur protestant, deux pharmaciens, des ouvriers et des employés de la Samaritaine et d'ailleurs.

Le capitaine d'administration est breton, bon catholique et doué, en général, d'un heureux caractère.

Le maréchal des logis, de la réserve, conduit bien ses hommes; et le brigadier, fort paisible, ne demande rien, ou fort peu de chose, et n'en pense guère plus.

Quant aux tringlots, ils avaient fait leur éducation parmi les charretiers ; et si leurs chevaux n'avaient pas eu la consolation de servir directement la patrie, ils auraient assurément sollicité une place de cheval de fiacre sous le gouvernement du dernier des Collignons, afin d'être moins malheureux:

En temps ordinaire, ces hommes de caractère différent et de provenance diverse n'auraient sans doute pas formé une communauté parfaite; en ces jours, tous étaient animés du même grand sentiment: l'amour de la France, désireux du même but : la victoire. Ils étaient vraiment, selon l'expression militaire, une unité. Je ne veux pas dire que les uns ne montrèrent pas plus d'activité, de dévouement, de courage, et les autres moins.

EN ROUTE POUR LE FRONT

Quelques heures après l'inspection du médecin-chef, nous laissons Lunel pour Nîmes et Tarascon, et nous prenons la ligne du Bourbonnais. Nous quittions le Midi ; la population ne s'y était pas montrée tout à fait indifférente envers les soldats partant pour le front, et un de nos sergents exagérait en disant qu'elle était uniquement préoccupée de vendre, d'acheter, de gagner de l'argent et de parler. Pour ma part, j'ai trouvé à Perpignan des âmes dont les sentiments patriotiques étaient admirables.

Lorsque nous arrivons dans le Centre, ces sentiments se généralisent, échauffent les esprits, et débordent en manifestations éclatantes. Ces manifestations excitent en nous de la joie, de la reconnaissance, presque de l'attendrissement; elles relèvent le moral de ceux, fort rares, que le regret d'êtres chers laissés dans la souffrance paraît attrister. Pendant toute la nuit comme au grand jour, les gares sont pleines de monde, et tout ce monde a les mains pleines de fleurs, de provisions, et d'applaudissements.

« Rapportez-moi un Prussien », criait un médaillé de 1870.

« On priera bien pour vous », disait plus doucement une femme.

« Battez-les, battez-les dur », répétaient plusieurs voix.

« Du courage, du courage, revenez bientôt. »

Tous criaient : Vive l'armée ! Nous répondions : Vive la France ! On saluait des inconnus, on leur serrait la main, on leur disait au revoir, comme si on devait un jour les rencontrer et les reconnaître. Ah ! oui, nous étions bien tous et uniquement Français ; on n'entendait pas sur cette terre d'Auvergne et du Berry parler de grande et de petite patrie, et personne ne songeait à différencier la Lorraine, le Comtat ou la Provence.

Enfin, le 16 août, à 2 heures du matin, nous entrons en gare de Villeneuve-Saint-Georges, où nous nous arrêtons pendant quatre heures. Nous contournons Paris par la grande ceinture. De Champigny j'aperçois les dômes bénis du Sacré-Cœur, la pointe de la tour Eiffel, je cherche le toit de notre Séminaire où, à cette heure, on devait célébrer la messe, et certainement prier pour l'armée, pour la France, pour moi, pauvre infirmier, qui soignerai les blessés que Dieu guérira, et ouvrirai par une dernière absolution à ceux qui mourront entre mes bras les portes de la grande et éternelle patrie.

Pendant que je songe à cet avenir si proche, notre train traverse la Champagne, pénètre dans les Ardennes et s'arrête à Signy-le-Petit, dont nous voyons de la gare les toits rouges et les hautes cheminées d'usine.

Depuis 48 heures que nous habitons de petites boîtes roulantes, il nous paraît bon de nous dégourdir un peu les jambes. A peine avons-nous eu le temps de goûter cette douce sensation que le débarquement des voitures et la préparation du couchage nous réclament. Nous dormons sur la paille dans une usine de chaudrons. La paille et les usines de chaudrons devaient jouer un certain rôle dans mon existence.

Le 17 août, à 4 heures 1/2 du matin, nous nous mettons en route vers Rocroi; c'est notre première étape à pied, et l'on commence à distinguer les bons marcheurs. J'avais eu la précaution d'emporter ce que j'appelais mes « souliers de planteur »; ce sont, ou, plutôt c'étaient, les chaussures dont je me servais dans mes courses au Maïssour, à travers les plantations de café; elles sont vieilles, mais encore solides. Nous sommes habitués l'un à l'autre, et cette habitude me permet d'arpenter, sans fatigue, de nombreux kilomètres.

Bientôt nous sommes en contact avec les troupes : génie, cavalerie, infanterie, télégraphie, etc. Des soldats font la soupe, d'autres harnachent les chevaux, plantent des poteaux, attachent des fils de fer, etc. C'est une vie, un mouvement que la fatigue n'a pas encore ralentie. Vers midi défilent près de nous des régiments de fantassins ; on dit qu'ils marchent depuis 14 heures; les hommes sont couverts de sueur et de poussière, mais résolus et vigoureux.

Ce jour-là, notre cantonnement se fait à Bourg-Fidèle, à 4 ou 5 kilomètres de Rocroi.

Les habitants nous accueillent bien, mais ils sont plus réservés que ceux du Centre et des environs de Paris ; ils ne nous jettent pas de fleurs, ne crient pas vive l'armée, ne nous prodiguent ni le chocolat, ni les cigares ; ceux-là sentent le danger. Il doit y avoir parmi eux des survivants de 1870 qui ont conservé le souvenir de l'invasion ; ils l'ont dit aux jeunes générations ; peut-être aussi, habitant la frontière, savent-ils mieux que ceux du plateau central, des rives de la Loire et de la Seine, les forces immenses de l'ennemi qui nous a déclaré la guerre. Après avoir passé la nuit dans une grange, nous prenons, à 11 heures du matin, la route de la Belgique.

Le médecin-chef à cheval fume silencieusement sa cigarette ; les médecins sont les uns à cheval, d'autres à pied ou dans la voiture du personnel ; nous, sac au dos, marchons d'un pas allègre. La route est bonne et court à travers un pays dont les bois épais nous protègent contre les ardeurs du soleil.

Pour la première fois nous entendons le canon. Les psychologues observent curieusement les impressions des camarades. L'étude est aisée. Les braves relèvent la tête, leurs yeux brillent, leurs lèvres sourient. Les indifférents, il y en a, conservent leur air exempt d'émotion. Les froussards passent du blanc au jaune et au vert. Peu à peu, ils vont se ressaisir, et, sans être des Bayards, les infirmiers de la deuxième ambulance feront assez bonne contenance.

A 6 heures du soir, nous sommes à Couvin, province de Namur, Belgique. Nous traversons les rues de la petite ville très propre, dont les maisons sont si blanches qu'elles nous semblent neuves. Depuis plusieurs jours les habitants voient sans cesse défiler des troupes : cavaliers, avec leurs casques dorés, leurs panaches flottants, leurs chevaux fiers et bien dressés ; artilleurs, dont les canons se succèdent pendant des heures et des heures ; fantassins, se redressant pour faire honneur au drapeau. Ces bons Belges n'en ont jamais tant vu ; leurs espérances de victoire grandissent à proportion de leur étonnement.

Aussi nous acceuillent-ils avec enthousiasme, nous prodiguant les provisions et les poignées de mains, et nous sommes passés depuis plusieurs minutes que leurs cris de vive la France ! résonnent encore.

Près de Couvin nous trouvons la division d'Afrique, la nôtre. Elle est tout entière composée de zouaves, de tirailleurs algériens et d'un régiment de chasseurs à cheval. Elle est plus nombreuse qu'une division ordinaire, et vaut à elle seule presque un corps d'armée. Sa discipline et son courage sont célèbres, elle en donnera de nombreuses preuves pendant cette campagne.

Dès ce jour, j'ai sous les yeux un exemple de la discipline des tirailleurs ; s'il n'a rien de grandiose, il n'en est pas moins typique.

Un de nos infirmiers a eu l'occasion d'offrir à un tirailleur une tasse de café, agrémentée d'un pousse-café, d'une rinçonnette et d'une consolation ; les deux buveurs se sont quittés les meilleurs amis du monde.

Quelques heures plus tard, l'infirmier veut passer dans un champ, pour aller cueillir des poires ou des pommes ; sur sa route, il rencontre, en sentinelle, le tirailleur qu'il vient de rafraîchir copieusement.

— On ne passe pas, fait celui-ci.

— Mais voyons, tu ne me reconnais pas, c'est moi qui t'ai payé le café.

— Oui, oui, moi connaître, mais toi, pas passer, consigne d'abord, camarades après.

— Allons, tu plaisantes, je reviens dans cinq minutes.

— Consigne, consigne, camarades après. L'infirmier dut se replier.

Le lendemain matin je vais dire la messe chez les Sœurs de la Providence, qui ont une petite chapelle dans leur école transformée en ambulance. Il y a plusieurs jours que je n'ai célébré; quelle joie et quel réconfort! Mon Dieu, je vous remercie.

Après la messe, les Sœurs m'offrent à déjeuner; elles poussent même l'amabilité jusqu'à mettre quelques provisions dans ma musette.

Je visite l'église de Couvin, grande, propre, solidement construite en briques, de style flamand assez élégant.

Je lie conversation avec quelques Belges. Ces braves gens se demandent pourquoi les Allemands les ont attaqués, pourquoi ils ont envahi leur patrie, et ils résument ainsi leurs sentiments : « Notre pays était ami de l'Allemagne, il était ami de la France, il n'avait rien à voir dans cette querelle. » Evidemment les habitants de Couvin n'ont fait aucune étude de politique et de stratégie ; ils ne sont pas les seuls.

Dans la journée, nous partons pour Nismes, l'étape est de 25 kilomètres. Les habitants de ce petit village campagnard, composé surtout de grandes fermes, nous reçoivent bien. Nous sommes les premiers soldats français venus chez eux. Ils se croyaient presque en défaveur près de nos autorités militaires et se sentaient humiliés. Nous les rassurons, et nous leur promettons qu'ils verront beaucoup de soldats français. Les voilà contents.

Le lendemain, après la messe, une femme vient vers moi et m'invite à déjeuner avec quelques-uns de mes camarades. Pendant le déjeuner, elle nous raconte de nombreuses histoires de l'espionnage des Allemands, qui se déguisent, ici en religieux, là en soldat belge, ailleurs en paysan ou en mendiant, pour obtenir des renseignements, établir la télégraphie sans fil, semer de fausses nouvelles, acheter des consciences, etc. A l'entendre, les espions sont partout et les traîtres ne manquent pas parmi les familles alliées à nos ennemis.

Il y a certainement du vrai dans ces histoires-là ; cependant, n'oublions pas que l'imagination populaire est une brodeuse rapide, féconde en légendes, dont il est également impossible d'arrêter la naissance et d'empêcher l'accroissement.

Le 21 août, nous partons dès le matin pour Merlemont. L'étape est longue et nous n'arrivons qu'à 6 heures du soir.

A une distance relativement courte, le canon gronde, la fusillade crépite.

Un aéroplane allemand passe au-dessus de nous.

« Tiens, le coucou », crient les zouaves, qui aussitôt tirent dessus. L'atteignent-ils? « Oui. Non. — Si. — Non. — Mais si, je te dis. » L'aéroplane n'est pas tombé, et il est parti sans nous dire s'il avait été touché.

Le lendemain, toute la journée, le canon continue de se faire entendre. Le soir, arrive un train sanitaire qui transporte 300 à 400 blessés français. On nous dit que, sur les bords de la Meuse et de la Sambre, se livre une grande bataille et que nos 75 écrasent les Allemands qui attaquent en masses profondes. Les blessés nous font en riant une description horrible des bras, des jambes, des têtes qui sautent en l'air, des cadavres qui s'accumulent en tas, des centaines d'hommes qui culbutent dans la Meuse. Quant au 77 prussien, il est de tous points inférieur au nôtre. Nous sommes réconfortés.

Le samedi 22, vers 8 heures du matin, le bourgmestre de Merlemont m'annonce la mort de Pie X. Cette mort, au début de la guerre, impressionne vivement ; on songe au conclave, à l'action du Pape futur. Ne nous inquiétons pas, Dieu veille sur son Église et l'Église a les promesses de vie.

D'autres nouvelles sollicitent notre attention. On dit que Liége a été pris par les Allemands, repris par les Français ; toutes les affirmations sont démenties, tous les démentis sont affirmés. Nous ne savons rien ; c'est ce qu'il y a de plus sûr.

Nous restons à Merlemont toute la journée du

22. A 11 heures du soir, nous recevons l'ordre de partir pour aller former une ambulance près de la ligne de feu, au village de Cottaprès, direction de Florennes, toujours dans la province de Namur.

Nous marchons la nuit. La route est encombrée par les longues files de convois d'approvisionnements, de canons, de cavaliers, dont la rencontre ralentit notre allure.

A l'aube, la canonnade et la fusillade sont plus intenses que jamais.

Non loin de Rosé, nous passons à 200 mètres d'une batterie française qui tire sans discontinuer, et d'une autre batterie qui se porte en arrière. Les boulets allemands tombent à peu de distance de nous.

LA RETRAITE

Sur mon journal de route, je lis le récit de cet incident significatif :

23 septembre, 9 heures du matin :

Un commandant, qui marche rapidement à notre rencontre, arrête notre médecin-chef et lui demande :

— Ou allez-vous ?

— A Cottaprès, former une ambulance.

— Le village vient d'être pris par les Allemands.

— Demi-tour, ordonne notre major ; et nous retournons en arrière.

Tel fut, pour notre formation, le premier acte de la retraite de la Belgique et du Nord.

Malgré la fatigue de notre marche de nuit, nous parcourons encore un certain nombre de kilomètres, et l'après-midi seulement nous passons dans un champ pour prendre quelque repos. Le ravitaillement est en retard ; on plonge les yeux et la main dans la musette, qui heureusement n'est pas vide.

Une chose nous préoccupe plus que le ravitaillement. Sommes-nous battus ? Sommes-nous victorieux ?

En passant à Philippeville, je vois nos aéroplanes prendre leur vol vers la France, les camions automobiles charger les pièces de rechange et s'éloigner. J'eus alors la certitude que nous reculions complètement.

Agitant leurs bras et leur fusil, les zouaves nous faisaient signe de hâter le pas. Au lieu d'une retraite serait-ce donc une fuite ?

A la nuit close, nous arrivons dans la petite ville de Marienbourg. Nous entrons dans l'école des filles, où nous nous coucherons sans souper. Le médecin-chef m'ordonne de planter solidement le fanion de la Croix Rouge sur la porte de l'école ; j'obéis.

Un officier me prie d'entendre sa confession, ce que je fais en me promenant avec lui dans la cour ; c'est la première fois depuis le commencement de la campagne que j'ai l'occasion d'exercer mon ministère.

Pendant la nuit, je suis réveillé ainsi que plusieurs camarades par le capitaine d'administration qui crie :

« Au secours ! au secours ! »

Tout est calme ; le dormeur a un cauchemar et rêve qu'un Allemand l'étrangle. Quelques minutes après, il se rendort paisiblement et nous aussi.

A 2 heures du matin, on appelle :

« Rassemblement. »

Nous sommes immédiatement debout, et nous prenons la route de Couvin.

Lorsque, dans la grisaille du petit jour, nous traversons les rues de la ville qui, deux ou trois jours avant, nous a si chaleureusement accueillis, la population se rend compte de la situation ; elle est consternée. Déjà un certain nombre d'habitants ont quitté leur maison, ils sentent que les Prussiens vont arriver, et ils préfèrent tout abandonner plutôt que de les subir. Hélas, combien triste est leur sort ! Ils suivent la même route que nous, mais parmi eux beaucoup, incapables de marcher assez vite, restent en arrière.

Bientôt nous rencontrons des régiments belges : les hommes sont noirs de poudre et de boue, fatigués, mais pleins de courage ; ce sont des combattants de Charleroi, qui vont se reformer du côté de Rocroi.

Nous marchons toujours, sans manger, sans nous reposer et, le soir, nous entrons à la Trappe de Chimay. Nous sommes si fatigués que nous mettons en pratique le proverbe « qui dort dîne ». Tout de même, grâce à mes souliers de planteur, à mon estomac solide, à mes jarrets plus vigoureux qu'ils n'en ont l'air, je ne suis pas encore au bout de mes forces.

La nuit est tranquille, et le lendemain je dis la messe dans la chapelle du monastère. C'est le 25 août, fête de saint Louis. O ! vous qui avez tant aimé la France, et pour elle avez si souvent et si vaillamment bataillé, ne nous aiderez-vous pas à remporter la victoire, à refouler l'envahisseur au delà de nos frontières et des frontières de la Belgique, dont l'héroïsme surpasse, s'il se peut, les malheurs !

Je vais jeter un coup d'œil sur la Trappe; les bâtiments sont étendus, les religieux nombreux fabriquent de la bière et possèdent de beaux troupeaux de vaches. Tous les Trappistes français, l'Abbé en tête, sont partis pour la France se ranger sous les drapeaux; les Belges seuls restent à leur poste de prière et de travail.

Comme notre voiture d'instruments de chirurgie est endommagée et que j'en suis chargé, je demande au Supérieur si un de ses religieux peut la réparer.

« Oui, me dit-il, j'ai un Frère qui s'y entend assez bien. »

Le Frère arrive et je commence à lui expliquer ce que je désire; mais il pose un doigt sur ses lèvres, un autre sur ses oreilles, et il ouvre de grands yeux. Évidemment cet homme-là, même en de telles circonstances, ne veut pas enfreindre la règle du silence. C'est un Trappiste bon teint.

Alors je fais des signes, montrant les endroits détériorés de la voiture ; mais chaque fois que j'essaie de compléter mes gestes par la parole, le Frère met un doigt sur sa bouche. Pour ne pas le chagriner, je finis par ne plus employer d'autre langage que celui des muets. Du reste, il a bien saisi le genre de travail que je lui demande, et en moins de deux heures notre voiture est solidement réparée.

A quelques pas de là, un père Trappiste, moins sévère, converse paisiblement avec nos médecins.

Pendant ce temps, notre capitaine d'administration avait envoyé une voiture au ravitaillement; mais, avant son retour, nous recevons l'ordre de partir dans une direction différente de celle qu'on nous avait indiquée précédemment.

Que deviendra notre voiture ?

Le capitaine y pourvoit. A un embranchement il me prend à part :

« Postez-vous là, me dit-il, et quand la voiture de ravitaillement passera, vous lui indiquerez la route que nous avons suivie, et viendrez avec elle. »

Je reste de planton. Des fantassins, des cavaliers, des artilleurs défilent, des voitures de toutes les formes et de toutes les couleurs s'avancent, je ne vois pas la nôtre; 5 heures, 6 heures,

6 heures 1/2 ; à 7 heures le jour baisse ; dans quelque temps je ne distinguerai plus notre voiture, qui est brune, de celles qui sont noires ou grises ; mon poste d'observation devient inutile ; de plus, ma consigne n'est pas formelle, je n'ai pas ordre de rester là *in æternum*.

Je pars et marche à peu près toute la nuit sur une route qui traverse une épaisse et longue forêt, et que sillonnent des soldats de toutes armes, principalement des cavaliers. Ces derniers ne se contentent pas de la chaussée ; ils galopent à droite et à gauche, sur les côtés macadamisés qu'en Belgique on appelle accotements, et sans cesse je dois me garer pour ne pas être heurté ou renversé par leurs chevaux. A la fin, cette gymnastique devient pénible.

Vers 3 heures 1/2 du matin, j'arrive au lieu de concentration, à peu près en même temps que la voiture, qui y parvient par une autre route. Après quelques moments de repos, j'allai raconter mon expédition au capitaine, qui m'écouta paisiblement.

« Tout est bien qui finit bien », conclut-il.

Sur cette parole, digne d'un sage antique, je

saluai militairement, et remis mon sac sur mes épaules, car on repartait encore pour marcher une partie de la journée et toute la nuit.

Nous faisons halte à Martigny, dans l'Aisne. C'est le 26 août vers 4 heures du matin. J'aperçois de la lumière dans une maison, je frappe, une femme vient m'ouvrir, m'offre une tasse de café et me dit confidentiellement qu'on se prépare à évacuer la gare.

« Eh ça ! me dis-je, est-ce que nous allons retourner à Perpignan ? »

Nous nous remettons en marche. La canonnade se rapproche de nous, les émigrants affluent. Pauvres gens, vieillards, femmes, jeunes filles, enfants, qui fuient, éperdus, ils ne savent où, l'air effaré, le regard vide; les uns traînant des charrettes chargées de hardes; d'autres appuyés sur des bâtons, las, épuisés, se racontant les choses terrifiantes dont ils ont été les témoins ou les victimes: meurtres, mutilations, incendies et toutes ces violences sans nom qui ont marqué le passage des ennemis.

La route est encombrée de chevaux morts de fatigue, encore attelés à des voitures abandonnées. Nous ne possédons plus aucune boîte de singe, je veux dire : 300 grammes de bœuf en conserve.

A 1 heure après minuit, nous sommes à Landouzy-la-Ville ; les maisons sont fermées, des visages à moitié endormis apparaissent aux fenêtres et nous regardent silencieusement ; la tristesse plane partout.

Seules les étoiles qui brillent dans un ciel pur mettent un rayon d'espérance dans nos cœurs. Mais elles sont bien hautes, les étoiles, la réalisation de nos espoirs serait-elle aussi lointaine ?

Assis ou couchés sur le bord de la route, nous prenons quelques instants de repos, puis nous repartons pour une nouvelle étape qui nous conduit à Tavaux-et-Pontséricourt, à 10 heures du soir, le 27 août.

Le 28, à Montigny-sous-Marle, nous apprenons la modification du ministère. C'est un soulagement général. Delcassé reprend les Affaires étrangères ; donc nous ne nous aplatissons pas devant l'Allemagne. Le raisonnement nous réjouit. Millerand est estimé des officiers, qui le disent sincère, patriote, impartial. Les rares financiers que comptent nos rangs font l'éloge de Ribot.

Le village de Montigny a été abandonné par une partie de ses habitants, la poste est fermée, la gare ne fonctionnera bientôt plus. Nous pouvons acheter des tablettes de chocolat, de la bière. Des émigrants, hâves, viennent nous demander du pain. Nous n'en avons guère, mais de bon cœur nous partageons avec eux. Un médecin me remet 2 francs à leur distribuer; 2 francs, c'est peu; cependant, en ce moment, où nous ne touchons ni solde ni vivres, l'acte est d'un homme généreux.

Le 29 août, nous partons à 1 heure du matin. Vous pensez bien qu'on n'a pas le temps de se mettre à genoux et de réciter sa prière; mais pendant la longue étape qui va suivre, je puis penser au bon Dieu et lui répéter que j'accepte en toute résignation les fatigues de ces journées de misères.

Nous faisons une pause prolongée sur la route de Guise, et, assis sur le bord des fossés, en attendant un ordre d'emplacement, nous regardons passer les régiments qui ont donné du côté de Namur et de Charleroi : le génie d'Orléans, l'artillerie de Douai. Leur allure martiale nous prouve que leur courage demeure intact.

Survient un général

« Que faites-vous ici ? » nous demande-t-il, et, sans attendre de réponse : « Vous encombrez la route, passez dans les champs. »

Pour exécuter cet ordre, nous remplissons les fossés de terre et de foin, les tringlots fouettent leurs chevaux, nous poussons à la roue et... nous n'encombrons plus la route.

Peu après, on nous donne l'ordre d'aller derrière l'artillerie, à 2 kilomètres ; nos voitures s'embourbent, il faut encore pousser à la roue, c'est dur ; les obus qui tombent près de nous excitent nos forces et aussi la vigueur de nos chevaux, et nous arrivons sans morts ni blessés à nous placer en arrière des fourgons d'artillerie. A peine y sommes-nous qu'il faut décamper. Enfin, éreintés, fourbus, nous tombons sur la route de Faucouzy, où nous passons la nuit.

Pour nous récréer, nous avons le spectacle des obus allemands qui arrosent les batteries françaises, et pour nous instruire, les explications des artilleurs qui nous indiquent leurs manœuvres,et nous racontent d'intéressantes histoires que je n'ai pas eu le loisir de noter. D'ailleurs, nous avons besoin de repos plus que d'histoires.

Nous dormons dans un champ de betteraves. C'est un lit que je recommande peu aux sybarites. Cependant, quand on a fait depuis plusieurs jours 40 et 50 kilomètres toutes les 15 ou 18 heures, en n'ayant que le hasard pour intendant, on y dort très bien.

A propos d'intendance, j'ai besoin de me confesser :

Quelques camarades sont allés rendre visite aux maisons abandonnées par leurs propriétaires ou leurs locataires, ils y ont trouvé des poulets et des lapins. Ces pauvres bêtes souffraient terriblement de la faim, les camarades, qui étaient dans le même mauvais cas,ont essayé de guérir les bonnes bêtes et de se guérir eux-mêmes ; ils y ont réussi. Les lapins et les poulets n'auront plus jamais faim, et nous n'aurons faim que demain.

Le lendemain, dimanche 30 août, de grand

matin, le canon tonne terriblement. C'est le combat de Guise. Nous nous avançons vers la ligne de feu et, au sommet d'une petite colline, nous apercevons un coin du champ de bataille. Notre artillerie ne cesse d'envoyer des boulets; l'artillerie allemande lui répond et couvre le terrain de ses projectiles; ses obus soulèvent des monceaux de terre, éclatent en gerbes, ou restent inertes; nos fantassins, postés dans les champs, derrière les haies, les arbres, les meules de paille, tirent sans arrêt. J'en vois plusieurs qui tombent, atteints de balles ou de shrapnels.

On nous amène des blessés que nous soignons en nous abritant près d'un tas de gerbes.

Vers 3 heures de l'après-midi, un incident se produit parmi les zouaves.

Depuis quelques jours, un individu que personne ne connaît, revêtu de l'uniforme des zouaves, est dans le régiment. C'est un homme d'une trentaine d'années, à barbe rouge, aux yeux gris qui louchent un peu; il ne parle à personne, ne répond à peu près rien aux questions qu'on lui pose, et passe de compagnie en compagnie.

Intrigués, les soldats le pressent de questions : « Comment t'appelles-tu? D'où viens-tu? »

Pas de réponse.

« Montre ton livret. »

Pas de livret.

Les officiers se mêlent de l'affaire, et finalement cet homme, qui a tout l'air d'un espion, est fusillé.

Vers 5 heures, on nous dit que les Allemands sont refoulés. Nos régiments arrivent en assez bon ordre, marchant par quatre; l'artillerie reprend de nouvelles positions en arrière.

Victorieux ou non, nous continuons la retraite.

A 11 heures du soir, nous sommes au château de Richecourt, situé au milieu d'un grand parc très boisé. Les propriétaires ont laissé à leurs domestiques la garde de la maison.

Je fais quelques pansements à une cuisse traversée par deux balles, à un bras et à une main déchiquetés par des éclats d'obus, à une poitrine trouée par un coup de baïonnette.

En échange d'un verre d'eau, un blessé m'offre un fruit. Ce n'est rien, et cependant ce fait restera, je le sens, dans mon souvenir.

Il y a de ces choses insignifiantes, qui gravent dans notre cœur un trait ineffaçable, comme les pointes d'épingle, une raie sur le marbre.

A 2 heures du matin, nous repartons. Un certain nombre d'hommes traînent la jambe; on se fatigue à ce rude métier de marcher de jour et de nuit.

A 11 heures seulement, nous faisons halte, et l'on nous raconte que notre division a été félicitée par le général en chef, pour sa vaillance dans une attaque difficile et heureuse. Les infirmiers n'ont guère le droit de prendre une part de ces éloges et d'en être fiers; nous nous contentons de nous en réjouir.

Ce bon sentiment s'envole dans un éclat de rire. Nos tringlots avaient rempli de vin blanc le baril qui devait contenir l'eau filtrée pour les pansements. En leur absence, le pharmacien voulut se rendre compte de la qualité de cette eau, il en but quelques gorgées.

« Singulier goût », fit-il, et, conscient de son devoir, sûr d'agir selon la formule, il ouvrit le robinet pour laisser couler cette eau dont la qualité lui semblait suspecte. A la fin de cette opération, il appela le maréchal des logis.

— Faites remplir le tonneau, lui dit-il.

— Il est plein.

— Non, je viens de le vider.

— De le vider? Mais c'était du vin que le capitaine m'avait ordonné de mettre......

Le pharmacien était ahuri, les tringlots furieux, et les infirmiers riaient à s'en tenir les côtes.

Quelques minutes plus tard, nous repartons, et, à la nuit tombante, nous pénétrons dans les faubourgs de Laon. Nous couchons à la belle étoile, au milieu des émigrants qui dorment épars dans les champs de pommes de terre.

Ma couverture me sert de matelas, sans m'empêcher de jouir des rugosités du terrain, et mon sac forme un oreiller résistant.

La route que nous suivons le lendemain est jonchée de sacs, de fusils abandonnés, de chevaux crevés et déjà gonflés. Des soldats défaits, incapables d'avancer, sont assis ou couchés dans les fossés ; plusieurs ont enlevé leurs chaussures pour soigner leurs pieds tuméfiés ou ensanglantés.

Ce n'est pas encore la déroute, mais évidemment le désordre commence à se mettre dans certains rangs.

A 2 heures de l'après midi, dans le hameau de Torcy, nous grignotions quelque chose et nous nous étendions sur la terre, nous préparant à dormir, lorsqu'arrive un commandant de zouaves.

« Je suis à l'arrière-garde, dit-il à notre médecin-chef, je n'ai avec moi que deux compagnies, les ponts vont sauter. Hâtez-vous de partir et marchez le plus vite et le plus loin possible. »

Debout et en route.

Nous marchons toute la nuit ; le matin nous nous reposons pendant une heure ou deux sur le bord du chemin. A peine sommes-nous endormis qu'on nous réveille. Les Allemands nous talonnent. Nous entendons les ponts sauter. L'angoisse nous tenaille. Que se passe-t-il ? Où s'arrêtera-t-on ? Sommes-nous toujours et toujours battus ?

Notre médecin-chef reste imperturbable; monté sur son cheval, il regarde devant lui, fume sa cigarette, aucun muscle de son visage ne bouge, aucun de ses traits ne décèle la fatigue.

Il n'en n'est pas de même de plusieurs autres médecins : les uns sont assis dans la voiture du personnel, d'autres peuvent à peine se tenir sur leurs chevaux qui butent; quant aux infirmiers, beaucoup s'accrochent aux voitures, afin de soutenir leurs jambes qui se traînent et parfois chancellent. Il est vrai qu'il faut être solide pour supporter de pareilles marches.

Un officier d'état-major passe ; il s'adresse à notre médecin-chef.

« Allez le plus vite et le plus loin possible», lui dit-il.

C'est la seconde fois que, pour nous donner un conseil, on emploie cette formule brève et claire, mais pas gaie.

Les kilomètres s'ajoutent aux kilomètres ; les sacs se font plus lourds, les jambes plus lentes, l'estomac se creuse et crie la faim ; pour l'apaiser nous mangeons de la poussière et nous buvons de l'eau.

Dans la nuit du 2 au 3 septembre, nous dormons quelques heures dans les fossés, près du petit village de Verneuil.

A 2 heures du matin, nouvelle marche jusqu'à 6 heures. Le temps est beau et frais, la campagne calme, verdoyante et fleurie contraste étrangement avec nos vêtements poussiéreux, nos figures et nos mains sales, et tout cet ensemble de désordre qui remplit la route.

Avant de quitter Breuil, où notre arrêt a été d'une heure et demie, notre médecin-chef fait former le cercle.

« Si quelqu'un parmi vous, nous dit-il, ne marche pas, ou essaie de fuir, je serai obligé de lui brûler la cervelle. »

Pour prononcer ces paroles, qui ne manquent pas de gravité, car la menace sera certainement mise à exécution, notre major n'a ni haussé ni baissé la voix, il a gardé son ton ordinaire, indifférent et froid, celui qu'il prend pour nous dire : « Préparez de la ouate ; ou, apportez-moi la teinture d'iode. »

Personne parmi nous n'avait l'intention de s'arrêter ou de fuir, et les paroles du major nous parurent un soupçon injurieux ; nous le lui fîmes dire.

« Non, expliqua-t-il, je n'ai soupçonné et ne soupçonne personne; c'est un renseignement que j'ai donné aux officiers et aux hommes. »

Le 4 septembre nous nous dirigeons vers Sézanne, et le lendemain nous entrons dans le département de Seine-et-Marne.

A 1 heure du matin, nous campons au milieu d'un champ où, pendant quelques heures, nous dormons du lourd sommeil de gens épuisés.

DIRECTION DU NORD-EST

Le 6 septembre, de ma vie je ne l'oublierai, je me débarbouillais près d'un puits du village de Villegruis [1], quand un paysan m'accoste.

— Vous savez la nouvelle ? me demanda-t-il.

— Laquelle ? il y en a tant ces jours-ci.

— On dit que le général en chef a ordonné l'offensive sur toute la ligne.

Je regardai l'homme, il était sérieux, et sous ses sourcils en broussailles ses yeux luisaient d'une fierté heureuse. Je n'hésitai pas à le croire. J'en avais tant besoin.

La nouvelle arrive d'ailleurs de tous les côtés, elle se répand comme une traînée de poudre, il est impossible d'exprimer la joie qu'elle nous cause. Nous en oublions toutes les fatigues de nos jours sans nourriture, de nos nuits sans

1. Seine-et-Marne.

sommeil, de nos interminables marches. Et quels intarissables commentaires elle provoque.

Dans la journée notre médecin-chef reçoit des ordres dont nous ignorons le détail, mais qui se traduisent par deux mots électrisants : Direction du Nord-Est.

Du village de Louan, assemblage assez insignifiant de maisons sur le plateau de Montmirail, nous passons à Deval. On assure que les Allemands ont reculé de 10 kilomètres, que, dans notre secteur, on leur a fait des prisonniers et pris 18 canons. Nous nous arrêtons dans un champ. La victoire remplace le dîner ; c'est presque aussi substantiel, au moins pour une fois ou deux.

Le 7 au matin : Direction du Nord-Est.

Des régiments passent, ils ont repris leur belle allure ; le désordre a cessé grâce à quelques actes de sévérité, et plus encore sans doute aux bonnes nouvelles.

A Bouchez-Repos, nous voyons défiler 60 prisonniers allemands. On nous a recommandé de ne pas les insulter, recommandation inutile, quoique leurs violences à travers la Belgique et nos départements du Nord ne leur méritent pas le respect que dans les guerres ordinaires on doit à des captifs. Ils passent tranquilles ; ils sont grands, forts, un peu fatigués, mais non déprimés.

Encore quelques kilomètres, et nous arrivons au village d'Escardes (Marne), théâtre d'un rude combat. Le terrain a été littéralement labouré par les obus, mais d'un labour que ne ferait aucune charrue ; çà et là s'ouvrent des trous de deux et trois mètres où l'on pourrait enterrer un cheval ; des arbres tendent vers le ciel leurs branches déchiquetées, leurs troncs brisés ; des meules de gerbes ont été dispersées comme par les rafales d'une tempête. Le spectacle le plus horrible est celui des morts. Aussi loin que notre vue peut porter, nous apercevons des cadavres. Les fantassins français, avec leurs pantalons rouges, se détachent sur la terre brune ou sur l'herbe verte, tandis que le soldat allemand, dont l'uniforme est gris, se voit à peine. Aussi, tout d'abord, les cadavres des nôtres nous semblent-ils plus nombreux que ceux des ennemis, mais à mesure que nous avançons la perspective change; les Allemands couchés par nos balles ou nos obus sont en plus grande quantité.

En dépassant les tranchées et les parapets qui servaient d'abris à nos soldats, nous remarquons que tous nos camarades, qui dorment là leur dernier sommeil, sont tombés la tête tournée vers le Nord. Ils ont donc été frappés pendant qu'ils tiraient sur l'ennemi ou le poursuivaient. Les Allemands, eux aussi, sont presque tous étendus la tête tournée vers le Nord, preuve qu'ils ont été tués en fuyant. Plusieurs, restés à leur poste, sont percés de coups de baïonnettes. D'aucuns, chose étrange sur ce champ de carnage, gardent un visage calme et reposé; d'autres, au contraire, ont les traits convulsés. Près des mares de sang que la terre n'a pas encore eu le temps de boire, des mourants râlent, des blessés appellent au secours, essaient de se lever, de se traîner dans ce charnier, puis retombent avec des gestes d'épuisement.

Les brancardiers vont à leur secours, enjambant les cadavres, marchant dans les flaques de sang, trébuchant contre un membre arraché, un fusil brisé ou un sac éventré. Quel spectacle mon Dieu ! Et pourtant, nous ne sentons pas le saisissement d'horreur nous étreindre ; la fatigue physique a brisé chez plusieurs les ressorts de la pensée. Plus tard, au repos, quand se réveilleront dans notre mémoire les détails de cette épouvantable vision, nous frissonnerons, nous demandant si ce n'est pas un affreux cauchemar, et si vraiment nous avons vu ces choses effroyables.

A la nuit tombante, nous faisons halte au milieu du champ de bataille et nous nous préparons à dormir. Pendant quelques instants, je contemple le ciel, pur et calme au-dessus de nos têtes, illuminé dans le lointain par les reflets rougeâtres de l'incendie de maisons isolées, de villages entiers auxquels les Allemands ont mis le feu.

Le canon tonne toujours, un officier d'état-major, des cavaliers passent au galop, portant des ordres.

Je récite une prière pour les braves tombés en un jour de victoire, et dont la mort va jeter le deuil dans des milliers de familles. Que Dieu reçoive leurs âmes en son indulgente miséricorde, et qu'il donne à ceux qui restent aux foyers déserts le courage de porter en toute résignation le fardeau de leur solitude.

Le lendemain matin, il faut quelques minutes pour reprendre ses esprits ; la fraîcheur de l'atmosphère, la douceur du ciel qu'éclaire de ses rayons encore pâles le soleil levant, contraste si fort avec l'horrible spectacle du terrain bouleversé et toujours couvert de cadavres ! Peu à peu, l'intelligence recouvre sa netteté, l'étonnement fait place à une curiosité angoissée et aiguë ; on regarde, on regarde, muet, horrifié, ces trous béants creusés par les obus, ces arbres brisés, ces corps sans vie, tombés, ici un à un, plus loin en monceaux dont la hauteur dépasse un mètre ; on entend de nouveau, comme la veille, les plaintes et les cris des blessés. « A moi. — Par ici, les brancardiers. — Emportez-moi. »

En poursuivant notre route, nous trouvons de plus en plus nombreux des cadavres d'Allemands ; de ci, de là, des jambes et des bras ; beaucoup de chevaux tués, éventrés, la tête emportée ; des fourgons abandonnés ; des culots d'obus entassés, qui nous indiquent la place occupée par l'artillerie; des bœufs à moitié dépecés, indices certains de la fuite précipitée de l'ennemi.

Le ravitaillement recommence à se faire normalement. La victoire a remis en ordre les choses et les hommes; nous avons du café, du sucre, de la viande, du pain, objets dont nous étions depuis quelques jours à peu près totalement dépourvus.

Deux de nos tringlots vont faire une petite promenade; ils aperçoivent, cachés derrière un tas de paille, deux soldats allemands, et s'avancent vers eux. Aussitôt ceux-ci se jettent à genoux en criant : « Pardon, kamarades; pardon, kamarades. » Ils tirent de leurs poches des photographies de femmes et d'enfants. « A nous, à nous ! » répètent-ils dans leur français incorrect, pour faire comprendre que ce sont des membres de leur famille.

Bonnes gens, les tringlots donnent du pain à leurs prisonniers, qui le mangent avidement. Tous les quatre nous rejoignent, et quand les gendarmes passent, les vainqueurs leur confient les captifs.

En route. Nous traversons Tréfols et nous arrivons au Rouly. Un orage épouvantable éclate. Les grondements du tonnerre se mêlent à ceux du canon; l'effet est grandiose, mais la poésie disparaît sous la pluie torrentielle qui nous inonde. Nous nous arrêtons dans un champ avec l'intention d'y passer la nuit. Trois heures après, on nous réveille brusquement; nous repartons; c'est toujours la victoire qui nous conduit, puisque nous allons encore au Nord-Est.

Vers minuit, nous sommes à Rieux, à quelques kilomètres de Montmirail; là aussi la terre nous sert de matelas et notre sac d'oreiller.

En se réveillant, un de nos caporaux infirmiers constate que, pendant la nuit, on lui a supprimé son bidon et son ceinturon; il va se plaindre au capitaine, qui l'écoute paisiblement, et pour toute consolation lui répond : « Oui, les tirailleurs, connais. »

Les officiers nous expliquent l'importance de la victoire que nos troupes viennent de remporter et qui inspire les plus belles espérances, d'autant qu'à chaque heure les résultats semblent grandir. Montmirail, que les Français comptaient bombarder, est évacué. Nous nous préparions à installer notre ambulance dans cette petite ville, lorsque, après la soupe, nous recevons l'ordre de nous rendre à Nogent-sur-Seine, ...vers le sud; mais il paraît que ce n'est pas pour longtemps. Nous traversons le champ de bataille par Champguyon. Ce village a été témoin du massacre par les Allemands d'un épicier accusé d'avoir caché des provisions, et d'un fermier coupable d'avoir fait observer à un sous-officier que les soldats prenaient trop d'avoine; pour toute réponse on planta ce dernier dans la cour de sa ferme et on le fusilla. Le village a été incendié. A Esternay, des faits analogues se sont produits; les envahisseurs ont fusillé un aubergiste, et une courageuse jeune fille qui refusait de se prêter à leurs fantaisies brutales.

La pluie nous surprend et nous accompagne jusqu'à Châtillon-sur-Morin; elle continue de nous arroser dans le champ déjà détrempé où nous campons pendant la nuit. Châtillon comme Champguyon porte sur les façades noircies de ses maisons les traces de l'incendie.

Le 10 septembre, nous sommes à Nogent-sur Seine. Sur mon carnet de route je trouve l'annotation d'un fait qui n'a d'importance que pour moi. Mes souliers de planteur ont fini leur service, je leur garde une vive reconnaissance et pour un peu ma reconnaissance s'accentuerait d'émotion ; on ne quitte pas sans regret de bons serviteurs achetés dans l'Inde, compagnons de route dans les plantations de café du Wynaad, dans les plaines de Belgique et du nord de la France ; mais ils sont à bout ; la plante de mes pieds remplace leur semelle.

Le 11 septembre, d'assez bon matin, nous allons à la gare embarquer dans des fourgons les voitures de notre formation. Ce travail achevé, nous sirotons notre café.

Quand le train arrive, nous le prenons sans savoir où nous le quitterons. C'est le bon côté de la vie du soldat pour les indifférents ou les amateurs d'imprévu ; on ne sait pas à la minute précédente ce qu'on fera à la suivante ; en revanche, c'est une méthode qui désespère les gens inquiets du lendemain et les prévoyants de l'avenir.

Nous roulons, avec des arrêts fréquents, brefs ou longs selon l'occurrence, jusqu'à Goussainville (Seine-et-Oise), au nord de Saint-Denis.

Là, nous nous rendons compte de l'angoisse qui a dû étreindre Paris; des tranchées sont creusées pour arrêter l'envahisseur, des arbres abattus pour préparer le champ de tir. Évidemment ces précautions étaient prises contre un ennemi qui approchait. On nous assure que les uhlans se sont avancés à 20 kilomètres de Paris.

Bientôt, nous nous rapprochons encore de la capitale, nous apercevons Montmartre. Je me rappelle les sentiments que j'éprouvais, il y a près d'un mois, quand, de Champigny, j'eus la même vision. Que d'événements pendant cette fin d'août et ce commencement de septembre.

Après avoir laissé le chemin de fer, nous marchons jusqu'au soir.

A Vercigny, nous campons dans une grange. Les habitants de la ferme nous racontent que, près de chez eux, des soldats ennemis ont fusillé leur colonel. Le fait peut être exact,il ne laisse pas de m'étonner, étant donnée la discipline de l'armée allemande. Et puis les légendes! Ah, combien on en colporte qui me font penser une fois de plus que la crédulité humaine voisine avec l'infini.

Le 13 et le 14, nous remontons sans incident, et sans autre ennui que la pluie sur le dos, la vallée de l'Oise. Le 15, nous sommes à Longueil-Annel, où un soldat de 1870 nous explique que, par peur des Allemands, il a caché sa médaille, qu'il porte aujourd'hui avec ostentation.

A Saint-Léger-sous-Bois, nous entendons de nouveau le canon; depuis quelques jours, nous vivions dans le silence, et vraiment la voix de notre défenseur nous manquait. On assure que les Français continuent d'avancer et de faire des prisonniers; ils se seraient emparés d'un général. Je note ces dires, non comme des faits que l'histoire de la guerre enregistrera, mais comme un témoignage de l'état d'esprit des populations. On ne nous faisait pas de tels récits quand nous précipitions notre marche à travers le Nord et l'Aisne.

Le 14 au soir, nous sommes à Carlepont, près

d'une ambulance de corps d'armée établie dans le château où sont soignés des Français et des Allemands.

Nous passons la nuit dans le parc, souvent réveillés par la canonnade qui fait rage à quelques kilomètres de nous.

L'AMBULANCE DE CUTS. — PRISONNIER

Le 15 septembre, nous étions sur la lisière des bois qui s'étendent avec quelques interruptions de Ribécourt à Brétigny, lorsque nous recevons l'ordre d'aller fixer notre ambulance à Cuts, petit village de 700 à 800 habitants, sur les confins des départements de l'Oise et de l'Aisne.

Avec joie nous partons immédiatement; enfin nous allons remplir nos fonctions d'infirmiers. Nous arrivons au château de Cuts à 11 heures du soir, et aussitôt nous procédons à l'installation de l'ambulance.

Le château contient déjà une quinzaine de blessés allemands et quelques français, qui ont été soignés par deux dames de la Croix Rouge, l'institutrice de Cuts, Mlle P..., parente d'un général mort il y a quelques années, et une autre personne que l'on a pris l'habitude d'appeler par son prénom, Mlle Irène.

Les Allemands paraissent effrayés, on leur a dit sans doute que nous achevions les blessés, ils croient leur dernière heure proche. Un soldat, à qui Mlle P... offre une boisson rafraîchissante, craint évidemment que ce ne soit du poison, il refuse avec un geste de menace et d'effroi. L'infirmière comprend, elle boit une gorgée et présente de nouveau le cordial que le soldat avale sans hésitation. Puis il prend la main de Mlle P..., et confus, il adresse des excuses et des remerciements.

Peu à peu tous se rassurent, et l'un d'eux s'enhardit jusqu'à me demander une cigarette que je lui donne. En reconnaissance, il m'offre une pièce de o fr. 5o, que je refuse... naturellement.

Un capitaine qui parle assez bien français et un autre sachant l'anglais sont assez grièvement blessés. Nos médecins les soignent, et reçoivent d'eux quelques remerciements embarrassés.

Le canon tonne tout autour de nous, la fusillade crépite. Les blessés arrivent, deux, trois, puis dix, puis un plus grand nombre, et bientôt nous sommes débordés. Il faudrait les soigner tous à la fois, et celui qui a reçu une balle dans la poitrine, et celui que des éclats d'obus ont atteint, et celui dont le bras ou la jambe fracassée ne tient plus que par un lambeau de chair. En voici un complètement défiguré, un autre dont l'œil est sorti de l'orbite, et tous ou presque tous couverts de sang, de poussière et de boue. Les tirailleurs sont bien éprouvés et aussi les zouaves.

Pendant que je vais chercher les instruments de chirurgie dans la voiture restée à 200 mètres du château, les balles sifflent autour de ma tête, passent près de ma poitrine, et l'une d'elles m'érafle légèrement le pouce.

Le médecin-chef donne ses ordres avec calme et méthode, il dit tout le nécessaire et le dit clairement. Les médecins font les pansements, les infirmiers et les dames de la Croix-Rouge les aident. Nos mains sont pleines de sang. Un sergent blessé à mort me demande d'entendre sa confession et fait généreusement le sacrifice de sa vie. C'est la première fois qu'il m'est donné d'ouvrir les portes du ciel à un de nos soldats mourants. Hélas ! combien d'autres suivront.

Quand je reviens près de lui, un léger râle entr'ouvrait ses lèvres blêmes, ses yeux alourdis se fermaient; je lui dis encore un mot du ciel et lui promis mes prières. « Oh ! oui, murmura-t-il, priez pour moi », et il me serra faiblement la main. Ce fut l'adieu.

La canonnade continue toute la nuit; il nous semble que nos 75 reculent et que les 77 et les canons allemands à longue portée avancent. Nos pressentiments sont confirmés par les blessés qui arrivent toujours nombreux. Le combat se rapproche de nous ; vers 8 heures du matin un obus tombe dans la cour, à quelques mètres de la salle où nous travaillons, des balles traversent les fenêtres et les portes. Notre médecin-chef nous prescrit de nous placer derrière les murs, et tranquillement il allume une cigarette en attendant que la situation s'améliore. J'en fais autant. Nous restons là, immobiles, presque silencieux, écoutant le grondement du canon et le bruit des balles qui s'aplatissent sur les marches de l'escalier d'honneur du château. A midi, nous allons par groupe dans la cuisine; au moment où je finis de manger ma soupe, un obus passe par le soupirail, tue deux hommes à côté de moi et en blesse sept ou huit; j'éprouve la sensation d'un soufflet bien appliqué, effet du déplacement de l'air, mais je n'ai aucun mal.

Vers 3 heures, les obus pleuvent dans le parc et dans la cour, malgré le drapeau de la Croix-Rouge qui flotte sur le château. Notre médecin-chef nous fait descendre dans les sous-sols; tous les malades qui peuvent marcher nous suivent. Nos tringlots et leur brigadier sont seuls absents; nous apprendrons plus tard que, devinant ce qui allait se passer, ils avaient enfourché leurs chevaux et regagné les lignes françaises.

La canonnade et la fusillade se rapprochent. Mlle P... et Mlle Irène me demandent l'absolution, que je m'empresse de leur donner. A 5 heures, la fusillade devient moins violente, et je remonte pour voir les blessés que leur état avait empêchés de se joindre à nous.

Juste à ce moment, on frappe rudement à la porte de la principale salle de l'ambulance. Je m'avance et me trouve en face d'un fantassin allemand, les yeux irrités, le fusil à la main, prêt à frapper. Je lui montre mon brassard, qu'il semble à peine voir. Mais aussitôt le capitaine allemand blessé l'interpelle, et le soldat repart, sans doute à la poursuite des nôtres. Peu après arrivent des officiers ennemis ; ils demandent notre médecin-chef, qui se présente. Puis, apercevant leur camarade, le capitaine, couché dans la salle, ils vont vers lui avec les démonstrations de la joie la plus vive; ils lui serrent la main, l'embrassent, s'enquièrent s'il a été bien traité, et, sur sa réponse affirmative, ils se retirent en nous saluant et en donnant des ordres à quelques-uns de leurs soldats.

Ces ordres, je pense, ont pour objet de ne pas nous maltraiter; malheureusement, il est trop tard pour quelques-uns de nos camarades. Un drame rapide et horrible vient de se passer. Des Allemands ont pénétré dans les écuries qui servent d'annexe à notre ambulance; ivres de carnage, sans rien demander, sans rien regarder, ils se sont jetés sur deux prêtres brancardiers et les ont fusillés; puis, se retournant contre un médecin qui pansait un blessé, ils l'ont tué.

Bientôt survient une seconde colonne allemande ; les soldats saisissent les fusils des blessés français déposés à la porte, et vont les briser avec une sorte de rage sur le parapet des fossés qui entourent le château. Ils se précipitent ensuite vers les voitures de l'ambulance stationnant dans la cour, ils les ouvrent, jettent à terre les remèdes, les instruments de chirurgie, les provisions de pansements, pillent, déchirent, brisent tout ce qu'ils trouvent ; enfin ils démolissent les voitures et mettent le feu aux débris.

Un officier poste des sentinelles à toutes les portes du château et du parc avec ordre de tirer sur ceux qui essaieront de fuir. C'était le soir du 17 septembre 1914.

Nos blessés, au nombre de plusieurs centaines, étaient prisonniers ; mais nous, protégés par la convention de Genève, par notre titre et nos fonctions de médecins et d'infirmiers, allions-nous partager leur sort?

La guerre était encore à ses débuts, et si l'on pouvait craindre qu'après avoir violé la neutralité de la Belgique les Allemands oublieraient les conventions les plus solennelles, on n'en avait pas encore la certitude.

Sans paraître se préoccuper de l'avenir, notre major se tourne vers nous, et, de son ton froid : « Messieurs, dit-il, continuons notre travail. »

Aidés par les deux dames de la Croix-Rouge, nous passons toute la nuit à donner des soins aux blessés, sans qu'aucun incident se produise.

Le lendemain matin, j'étais sorti sur le perron, pour respirer pendant un instant un air plus pur que celui de notre salle, quand des sous-officiers ennemis m'abordèrent en criant d'un ton rogue : — Vous avez tiré du château sur nos troupes.

— Non, leur dis-je avec calme; de l'ambulance personne n'a tiré sur vos troupes.

— Si, nous le savons, nous l'avons vu.

— Non, leur répétai-je, cela n'est pas.

Et sans rien ajouter, car il n'y avait pas de discussion possible, je leur tournai le dos et rentrai dans la salle.

Peu après se présentent les médecins et les infirmiers allemands, qui nous saluent militairement d'une façon sèche et correcte. Nous répondons de même.

Ils adressent plusieurs questions à leurs soldats blessés.

J'ignore la langue allemande, mais il était facile de comprendre qu'ils les interrogeaient sur la manière dont nous les avions traités. La réponse nous fut sans doute favorable. Le contraire eût été un insigne mensonge.

Après cette enquête, ils visitent notre ambulance et mettent à la disposition de notre médecin-chef des brancardiers pour aller chercher et transporter les blessés, et toute la journée nous soignons les Français et les Allemands. Quand nous avons des questions à poser ou des observations à faire à ces derniers, un de nos infirmiers, le pasteur protestant, qui parle très bien leur langue, nous sert d'interprète.

Dans la soirée nous entendons notre 75; son grondement nous réjouit et rend les Allemands soucieux. « Y a bon », murmure un tirailleur dont je panse le bras. Je réponds par un coup d'œil qui dit aussi clairement : « Y a bon. »

Mais « Y a bon » ne dura pas; peu à peu le grondement s'éloigne et se tait complètement.

La nuit venue, les deux dames de la Croix-

Rouge ont la permission d'aller prendre leur repos chez elles, et un officier leur donne un laissez-passer qu'elles montreront aux sentinelles.

Voilà deux nuits que je n'ai fermé l'œil; je cherche un coin tranquille, où je puisse trouver un peu de repos. Je découvre, au 2e étage, une chambre vide, sans lit, je m'étends par terre et je m'endors d'un sommeil de plomb.

Le lendemain, nous renouvelons les pansements autant que nous le pouvons avec le peu de provisions qui nous restent après la mise à sac de nos voitures.

Je vais dans la cour essayer de trouver des morceaux de ouate échappés au pillage, des flacons qui par hasard n'auraient pas été brisés; chaque fois, un factionnaire, fusil chargé, baïonnette au canon, m'accompagne. Il regarde avec attention les objets que je ramasse et épie mes moindres gestes.

Lorsque je reviens apportant ma cueillette, d'autres factionnaires m'examinent aussi soigneusement.

Il est bien clair que nous ne possédons ni assez

de remèdes, ni assez de pansements. Notre ambulance renferme de 600 à 700 blessés ; les uns frappés la veille, les autres depuis deux ou trois jours. Des blessures exigent des drains, des compresses, de la teinture d'iode, des bandes, etc. Hélas! hélas! où trouver tout cela?

Mlle P..., autorisée par les propriétaires à agir comme elle le jugerait bon, trouve du linge dans le château et nous l'apporte.

A chaque instant, des sous-officiers raides et rogues font la visite des salles, et entrent même dans les chambres, où ils veulent absolument découvrir des fusils et des mitrailleuses, qui ont été, disent-ils, cachés dans l'ambulance. Comme ils ne découvrent rien, ils se consolent en prenant des couvertures, du linge, des bijoux.

Soudain, éclate près du château une assez forte explosion ; grand émoi parmi nos sentinelles, qui crient, gesticulent, courent à droite et à gauche, prêtes à faire le coup de feu. Renseignements pris, c'étaient des cartouches cachées dans un tas de paille que l'on avait incendié, et qui venaient d'éclater.

Quand le calme est revenu, nous enterrons quelques soldats tués près du château.

Dans la soirée du 19, nous commençons à craindre des difficultés de ravitaillement; nous avons peu de pain et encore moins de viande, nous en faisons demander plusieurs fois inutilement.

Le 20, on ne distribue à chacun de nos malades et à ceux qui les soignent qu'un demi-bol de bouillon et un léger morceau de pain; en revanche le travail est accablant. La gangrène attaque plusieurs malades, et un chirurgien allemand coupe la jambe de l'un d'eux.

Vers 4 heures du soir, des automobiles viennent prendre les blessés transportables pour les emmener en Allemagne. La séparation fut douloureuse ; nous ne nous connaissions que de la veille, mais nous étions frères d'armes; ensemble nous avions supporté de mauvais jours et partagé les heures d'espérance.

Les infortunés reverraient-ils leurs familles? Reverraient-ils la France

Nous, missionnaires, qui avons un jour quitté nos parents, nos amis, notre pays, sans espoir de retour, nous avons éprouvé les souffrances de ces grands brisements, et nous savons à quelle profondeur elles atteignent l'âme.

Mais combien plus attristant me semblait ce départ ! Ceux qui s'éloignent de nous ne sont pas des volontaires de l'apostolat, appelés par la voix divine sur une terre lointaine où ils retrouveront une famille et des amis ; ce sont des prisonniers, presque des vaincus, emmenés par des ennemis, pour subir les misères d'une longue captivité.

Un lieutenant du génie pleurait de rage et grinçait des dents. Les soldats étaient infiniment tristes, plusieurs versaient des larmes ; les mains se serraient silencieusement, avec quelle poignante émotion !

Les Allemands firent une différence entre les infirmiers et les combattants, ils ne fouillèrent pas les premiers. Quant aux seconds, beaucoup avaient été dépouillés sur le champ de bataille, entre autres un commandant, à qui on enleva sa croix de la Légion d'honneur, malgré ses protestations, qui ne lui rapportèrent que des coups. Peu après, cependant, ses réclamations la lui firent restituer.

Le 21, eut lieu un second départ de blessés, auxquels on adjoignait quatre infirmiers.

Ne sachant s'ils trouveraient un aumônier dans l'hôpital où on les enverrait, je m'offris à les accompagner. Notre médecin-chef refusa, et lui-même fit le choix.

Ce départ de quatre infirmiers pour l'Allemagne nous enleva tous les doutes sur notre situation et aussi tous les espoirs : médecins et infirmiers, de même que les combattants, nous étions prisonniers. Et les Allemands auront beau nous répéter qu'ils nous gardent pour soigner nos blessés, nous serons nourris, traités, séquestrés, absolument comme des captifs.

La pénible scène des adieux se renouvelle, et quand, après le douloureux embarquement, les autos s'ébranlent, les saccades de leur ronflement me font songer aux premières pelletées de terre qui tombent sur un cercueil.

Le 22, les vivres sont plus rares; hier soir, nous n'avons presque pas mangé; aujourd'hui, à midi, le repas est sommaire.

La lassitude accable nos malades et gagne

quelques infirmiers; la faim les affaisse et les déprime.

Nous n'avons presque plus de remèdes. La gangrène continue d'atteindre certains blessés. Si on ne les ampute pas, ils vont mourir; si on les ampute, on ne pourra pas leur faire les pansements nécessaires, et l'issue sera fatalement la même.

Le tabac nous manque également. Un officier offre 20 francs pour un paquet de tabac; offre inutile, il n'y en a plus. Un autre essaie de fumer du thé, mais le rejette bientôt en le déclarant exécrable. J'essaie à mon tour, sans meilleur résultat.

Dans la soirée, les Allemands apportent 5 paquets de tabac... pour 500 à 600 fumeurs.

La canonnade, qui reprend, fait une heureuse trêve à nos ennuis ; mais elle est assez lointaine, et ne se rapproche pas. Tout espoir serait-il perdu?

Le 23, la nourriture diminue encore. Les Allemands en apportent uniquement pour leurs blessés. Notre médecin-chef adresse en vain plusieurs réclamations. La Kommandantur répond qu'elle n'a rien pour nous.

C'est dans cette triste situation que je fis la connaissance du Dr S..., médecin régimentaire. Quel homme charmant, bon, délicat, et si vaillant. Quand il sut que j'étais prêtre, il commença par me dire en souriant qu'il ne croyait à rien ou à peu près. Nous discutâmes un peu. Au bout d'un quart d'heure, je me croyais en droit de lui dire que l'incrédulité dont il se targuait s'effriterait rapidement sous la poussée d'une expérience plus longue ou de réflexions plus profondes. Bientôt nous fûmes amis à partager ce que nous avions de plus précieux : le tabac. Quand il pouvait s'en procurer vingt grammes, il m'en donnait dix ; et si j'en possédais dix, je lui en offrais cinq.

Le 24 fut peut-être notre journée la plus dure, et notre médecin-chef écrivit à la Kommandantur une lettre exposant avec force notre misérable situation.

Cette lettre produisit-elle quelque effet? Ou les Allemands étaient-ils d'eux-mêmes disposés à nous ravitailler? Toujours est-il que, le lendemain 25 et le surlendemain 26, nous arrivaient du pain, un peu de viande, des biscuits et du chocolat. On nous apporta même de Carlepont trois caisses de vin de Bordeaux.

Ce dernier envoi nous causa une sorte de stupéfaction joyeuse, qui d'ailleurs ne dura pas. On vint bientôt le reprendre, en nous disant qu'on s'était trompé d'adresse; on nous laissa cependant cinq ou six bouteilles, dont profitèrent les malades.

Le dimanche 27 septembre, le sergent du poste, un catholique, me permit d'aller célébrer la messe à l'église de Cuts.

Plusieurs habitants du village y assistèrent; ils me parurent fort tristes, et, en s'en retournant chez eux, ils se gardèrent de lier conversation. Ils sentaient que les oreilles allemandes étaient aux écoutes, et que des paroles insignifiantes, mais défigurées ou mal comprises, pouvaient les conduire plus loin qu'ils ne voulaient aller.

Les médecins et les infirmiers devaient assister à la messe de 9 heures. Quelques minutes avant, on les prévint de se préparer à partir dans la journée. L'ambulance tout entière allait être évacuée.

Nous réunissons le peu qui nous reste d'instruments de chirurgie, de remèdes et de pansements, nous disposons les brancards, et quand les automobiles arrivent dans l'après-midi pour nous emmener, tout est en ordre.

Nous enlevons d'abord les plus grièvement blessés pour les déposer dans les voitures, mais malgré nos précautions et leur désir de ne pas montrer de faiblesse en face des Allemands qui nous regardent, ils laissent échapper quelques plaintes aussitôt étouffées.

Nous faisons nos adieux non sans émotion aux deux dames de la Croix Rouge, Mlle P... et Mlle Irène, dont l'inlassable dévouement nous a été d'un grand secours et dont le courage modeste et ferme a été d'un bel exemple. Que Dieu les récompense. Pour ma part, je garderai d'elles un souvenir plein de haute estime et de vive reconnaissance.

CHAUNY

L'annonce de notre départ avait fait sursauter quelques imaginations qui se voyaient déjà au fond de l'Allemagne. Des officiers ennemis nous laissèrent entendre que notre voyage serait moins long, et qu'il s'arrêterait à Chauny, petite ville industrielle du département de l'Aisne.

C'est, en effet, cette direction que nous prenons. La route, qui suit la vallée de l'Oise, est défoncée par le passage des troupes, des automobiles, des canons; aussi cahote-t-elle assez rudement nos malades, dont plusieurs souffrent d'une forte fièvre ; pour apaiser leur soif, nous n'avons que quelques gouttes d'eau dans nos gourdes.

Nous arrivons à Chauny à 11 heures du soir. On répartit les blessés, les médecins et les infirmiers en trois groupes : les uns vont dans une imprimerie, les autres à l'usine Terneng, et nous à la chaudronnerie Tanchon. On nous fait entrer dans un grand atelier, dont le toit et les murs, ouverts par place, laissent passer la pluie et le vent; des vitres manquent aux fenêtres, et les portes se disloquent.

L'ameublement est encore plus pauvre que le local. Il n'y a ni lit, ni planche, ni paille, ni couverture; il n'y a rien, absolument rien, sauf de la poussière de charbon, des débris de zinc, de la limaille de fer et des machines plus ou moins sales et rouillées.

Nous regardons, stupéfaits, cette étrange ambulance. Que vont devenir nos malades là-dedans ? Comment pourrons-nous les installer, les soigner? Ces réflexions s'agitent dans nos esprits pendant que nous descendons les blessés des automobiles.

Où les mettre ? Sur quoi les étendre ?

La seule méthode possible est de les placer par rangée, le long des murs, sur la terre nue; et, la première rangée achevée, d'en faire une seconde, puis une troisième jusqu'à ce que les automobiles soient vides. Au bout de quelques heures, nos deux cents malades sont installés dans cet abri, préférable aux bornes des rues et aux arches des ponts.

La Croix-Rouge de Chauny avait, au début de la guerre, préparé 500 lits ; les Allemands les ont pris pour leurs blessés.

Vers 2 heures du matin, mon travail terminé, je me glisse sous une machine, pour y chercher un sommeil que je n'ose pas appeler réparateur.

Le lendemain, dans le jour gris et brumeux, notre ambulance nous paraît encore plus triste et plus désolée que la veille. Nous ne possédons ni table, ni armoire pour poser les appareils ou les remèdes, encore bien moins une salle d'opérations. Des vases les plus indispensables aux malades il y en a trois ou quatre. L'éclairage se compose d'une petite lampe ayant la force d'une bougie, et garnie d'une quantité d'huile insuffisante qui nous laisse dans l'obscurité une partie de la nuit. La nourriture n'est guère supérieure au couchage et au chauffage. Notre cuisine est faite par une femme, assez inexperte, qui ne possède qu'une seule marmite et manque parfois de provisions. Son ravitaillement, le nôtre, s'opère dans les conditions suivantes : Nos médecins ou les Dames de la Croix-Rouge préparent des bons de réquisition. Ces bons, généralement valables pour plusieurs jours, quand le nombre des blessés ne varie pas, sont soumis au médecin allemand, de qui relève notre ambulance, puis transmis à la Kommandantur, qui les signe tels quels ou les change.

Les fournisseurs, bouchers et boulangers, viennent les chercher et les exécutent s'ils le peuvent, car ils ne possèdent pas toujours les réserves suffisantes. Si les bons portent une demande de bœuf, les fournisseurs envoient du porc. J'ai souvenir d'une semaine où l'on ne nous servit que cette seule viande. La quantité est petite, parfois insuffisante, elle ne doit pas dépasser une centaine de grammes, par homme et par jour.

Le pain est blanc, généralement assez abondant — oh, il n'en restait pas ! — les légumes rares, presque toujours secs et mal préparés. Nous n'avions pas d'autre boisson que de l'eau.

De temps à autre, la Croix-Rouge nous adresse

quelques bouteilles de vin pour les plus malades.

Pendant des semaines, le tabac nous fait presque entièrement défaut. Des camarades et moi tentons de bourrer nos pipes avec des feuilles de noyer.

L'essai fut relativement encourageant ; cependant je dois à la vérité de déclarer que les feuilles de noyer sont inférieures aux plus mauvais cigares.

Un poste de soldats sous les ordres d'un sergent est placé à la porte extérieure de l'ambulance. Dans l'intérieur, une sentinelle se promène pendant le jour, et deux pendant la nuit. Ces soldats, tantôt prussiens, tantôt bavarois, sont ordinairement des blessés insuffisamment guéris pour repartir au front; ils sont relevés toutes les deux heures. Les médecins et les infirmiers sont soumis à leur surveillance, aussi bien que les blessés qui ont été des combattants. Et quand, au nom de la convention de Genève, nous réclamons contre notre détention, on nous répond :

— Vous n'êtes pas prisonniers, vous êtes ici pour soigner les blessés français.

— Alors, laissez-nous sortir, aller en ville, faire les achats nécessaires, prendre l'air.

— Impossible.

— Nous sommes donc prisonniers

— Non, vous êtes ici pour soigner les blessés français.

Notre corps médical a été renouvelé. Notre médecin-chef, qui savait et faisait fort bien son métier, nos médecins de la deuxième ambulance, excepté le Dr D..., sont partis pour l'Allemagne, ou ont été placés dans d'autres hôpitaux.

Un médecin régimentaire est devenu notre chef; il est assisté de trois autres médecins et d'un étudiant en pharmacie. Des infirmiers du début, nous restons deux ou trois. Personnel et blessés sont sous le contrôle d'un médecin allemand.

Hommes et choses sont régis par ce que les Allemands appellent la Kommandantur. Ce nom s'applique au gouvernement d'une province, d'une ville, d'un camp de prisonniers; il désigne le gouverneur, ses secrétaires et ses bureaux. Ici, nous l'employons pour parler du chef principal de Chauny, de ses sous-ordres et de la maison qu'ils occupent pendant leurs heures de travail. Je crois que notre expression *Bureau de la Place* correspond assez bien à ce mot allemand.

Voilà, dans ses grandes lignes d'administration et de misère, notre ambulance au mois de janvier 1915.

Dès le premier jour, nous recevons la visite de la Présidente de la Croix-Rouge de Chauny et de quelques dames. Nous espérons en leur intervention pour améliorer notre état ; malheureusement elles ne peuvent presque rien.

Nous avons aussi la visite d'un habitant de la ville, brancardier de Notre-Dame de Lourdes, M. L. V..., qui reviendra souvent ; c'était le type du consolateur, toujours joyeux, toujours souriant ; il n'apportait jamais que de bonnes nouvelles, qu'il rendait meilleures en y ajoutant quelques cigares.

Le médecin allemand, sous le contrôle duquel est notre ambulance, vient aussi nous voir. Il regarde sans mot dire cette salle qui ressemble à un coin de champ de bataille bien plus qu'à un hôpital, et il s'en va après avoir promis à notre major d'envoyer quelque chose. Nous attendons en vain l'effet de cette promesse. Pendant plusieurs jours, beaucoup de nos blessés restent sans pansement, faute d'instruments et de remèdes. Les médecins arrivent le matin, assistés par les infirmiers, ils doivent extraire une balle, cautériser une plaie, et ils se croisent les bras, parce qu'ils n'ont ni pinces, ni attelles, ni drains. D'appareils plâtrés pour les fractures, ils n'en possèdent pas davantage.

Et quand il est possible de faire de petites opérations ou des pansements, il faut voir dans quelles conditions le travail s'effectue. Les malades sont si rapprochés les uns des autres que, pour en panser un, nous sommes presque obligés de marcher ou de nous agenouiller sur son voisin.

Ceux-là seuls qui ont travaillé dans des ambulances où les lits sont recouverts de draps blancs, les instruments brillants, les bocaux bien rangés, la salle d'opérations pourvue de tous les appareils nécessaires ; où, docteurs, infirmiers, infirmières ont de la place pour se mouvoir avec aisance, ceux-là seuls comprendront les ennuis, les dégoûts professionnels de nos médecins, impuissants devant tant de misères.

Notre médecin-chef, ayant à plusieurs reprises adressé des réclamations, on se résigne à nous apporter quelques remèdes et quatre bottes de paille.

Après trois semaines d'attente, on y ajoute des planches, que nous plaçons sous les malades, pour les préserver de l'humidité.

A la fin d'octobre, le froid devenant assez piquant, on nous livre trois poêles, quand il nous en aurait fallu dix, et encore l'un d'eux, hors d'état de servir, dut-il être abandonné à son malheureux sort, ce qui n'améliora pas le nôtre.

Pendant ce temps-là, la toiture continue de laisser voir le ciel, et les fenêtres de donner toute liberté aux courants d'air. On devine, plus qu'on ne peut les décrire, les souffrances que nos malades enduraient.

Ils n'avaient qu'une seule consolation : entendre le canon, c'était là le suprême cordial !

Les jours où le grondement du 75 arrivait

jusqu'à eux, ils se ranimaient, ne se sentaient plus isolés, délaissés, perdus. Le canon leur disait que la France luttait et qu'elle n'était pas loin d'eux.

A cette consolation, j'obtins d'en joindre une autre, qui fut très grande pour moi et aussi pour eux. On me permit de célébrer la messe, une fois par semaine, le dimanche. Le curé de Chauny prêta les ornements, le calice, le missel, que les dames de la Croix-Rouge apportèrent, et deux ou trois convalescents firent un autel avec quelques planches.

La première fois que je célébrai, quand, après l'Evangile, je me retournai pour adresser la parole à l'assistance, et que je vis devant moi cette longue file de malades, de mutilés, couchés sur la paille, enveloppés de linges sanglants, prisonniers comme moi, les paroles s'arrêtèrent dans ma gorge; je ne pus que dire d'une voix tremblante d'émotion, à mes chers camarades : « Je célèbre la messe pour vous, pour vos familles, pour la France... »

J'entendis des sanglots, je vis des yeux remplis de larmes, je me retournai rapidement pour continuer la messe ; l'émotion me gagnait.

A cette époque encore, nous manquions parfois de remèdes, nous ne cessions d'en demander, les Allemands de nous en promettre et de ne pas nous en donner. Etait-ce, de leur part, haine, insouciance ou dénûment ?

Bien des blessés moururent faute de soins, que ni médecins, ni infirmiers ne pouvaient leur donner.

J'étais le seul prêtre à l'ambulance et remplissais les fonctions d'aumônier autant que d'infirmier.

Pendant la journée, les occupations ne me manquaient pas : aider aux pansements, faire la toilette, distribuer de la tisane, du lait quand il y en avait, était mon lot.

Ajoutez à cela les petits services que les uns ou les autres me demandaient, principalement les tirailleurs.

« Le Vioux », appelaient-ils.

Tous les soldats me donnaient le titre d'aumônier, seuls les tirailleurs, qui ne savaient que quelques mots de français, avaient jugé préférable le nom de vieux, tout à fait en harmonie avec mes cheveux gris, et qu'ils prononçaient vioux.

Ils y joignaient le tutoiement pour moi comme pour tout le monde.

« Qu'est-ce que tu veux ? »,répliquais-je à leur appel.

« Apporte-moi un morceau de feu », c'était pour allumer leur pipe. Ou s'ils avaient envie de se rafraîchir, ils disaient :

« Apporte-moi un morceau d'eau. »

C'était toujours un morceau de quelque chose.

Dans les occasions graves, s'ils supposaient que j'avais du tabac ou quelques cigarettes, ils m'appelaient respectueusement Marabout.

« Marabout ! Toi, avoir tabac, li bon, moi pas, toi donner. »

Que refuser à des gens qui manient notre langue avec cette élégance et sont venus se faire tuer pour nous ?

Toutes les quatre nuits j'étais de garde, et dans cette salle à peine éclairée, au milieu de ces pauvres malheureux dont on n'entendait plus que la respiration tantôt courte et précipitée, entrecoupée de plaintes, tantôt lente et régulière, je parlais à demi voix de Dieu, de Notre-Seigneur qui a tant souffert pour le salut du monde, de la Sainte-Vierge que la mère, la femme ou les enfants invoquaient pour l'absent ; je rappelais le souvenir de la première communion.

Pas un soldat n'est mort sans s'être confessé et sans avoir reçu le pardon de ses fautes.

Grâce à l'excellent curé de Chauny, qui m'avait remis les saintes huiles, j'administrai à tous les dernières onctions.

J'ai vu de magnifiques retours à Dieu, des repentirs merveilleux de foi et d'espérance. J'ai éprouvé là, dans cette cabane, misérable asile de tant de souffrances si noblement supportées, peut-être les plus belles consolations de ma vie de prêtre. Je ne puis les comparer qu'aux joies ressenties dans les Indes, au temps de ma jeunesse apostolique, lorsque je versais l'eau régénératrice sur les âmes amenées des ténèbres du paganisme à la lumière de Dieu.

Je m'approchais de préférence de ceux que la mort avait marqués, et, sans trop de préambule, il n'en faut guère avec les soldats :

— Vous voilà bien malade.

— Ah! çà, oui, je suis perdu.

— On ne sait pas, mais ne pensez-vous pas à prendre des précautions pour le grand voyage? Si vous vous confessiez ?

Ils me regardaient un peu étonnés; je commençais la confession qu'ils continuaient. Je voyais peu à peu la componction envahir leur âme et se refléter sur leur physionomie. En récitant l'acte de contrition, plus d'un versait des larmes.

Et quel réconfort pour eux, dans cet hôpital où tout criait la misère et la mort, d'entendre parler de splendeurs célestes et d'éternelle résurrection, et d'apprendre qu'ayant servi la cause de la vérité et de la justice ils avaient bien mérité de Dieu.

Ordinairement, l'acceptation du sacrifice suprême ne leur paraissait pas très difficile; ils étaient braves et ils avaient vu la mort de si près. Lorsqu'ils la trouvaient trop dure, j'avais pour fortifier leur courage et élever leur cœur jusqu'à la résignation un argument irrésistible : je leur disais d'offrir à Dieu leur vie pour la France. Tous ne comprenaient pas immédiatement, ou comprenaient vaguement ; mais après quelques explications sur la réversibilité des mérites, sur la bonté de Dieu dont le cœur s'inclinerait plus miséricordieux, et compterait leur sacrifice dans la balance où se pèsent les destinées de notre pays, ils répétaient :

« Oui, oui, pour la France. »

J'ai vu mourir un homme que les hasards de l'existence avaient roulé un peu partout ; son baptême et sa première communion étaient les seuls actes de sa vie catholique.

Avait-il une âme ? Il l'ignorait, et ne se souciait pas de le savoir.

Sa blessure le conduisait inévitablement et rapidement au tombeau. Je lui parlai de Dieu, de l'au-delà, du Juge suprême, de l'éternité ; il comprit et goûta mes paroles.

Alors je lui enseignai méthodiquement le résumé des premières vérités chrétiennes ; à sa demande, qui me parut touchante, j'écrivis sur une feuille de papier *Notre Père* et *Je vous salue, Marie*, afin qu'il apprît ces prières par cœur. Il se confessa et communia dans des sentiments admirables.

Un jour, qu'il était très faible, il me fit avec l'accent de la prière cette recommandation :

— Quand ce sera la fin, vous me direz : Vive la France ! Je voudrais mourir en entendant ces mots-là.

Quarante-huit heures plus tard, je m'approchai, et prenant sa main :

— Demandez encore pardon à Dieu, lui murmurai-je.

Il prononça aussitôt : « Mon Dieu, je vous demande pardon. »

J'ajoutai : Vive la France !

Il essaya, sans y réussir, de se soulever sur sa paille, et, d'une voix sèche, dure, solennelle, qui est parfois celle des mourants, il répéta :

— Vive la France !

Ses lèvres se fermèrent ; quelques minutes après, il n'était plus.

Tous nos blessés ou à peu près portaient des médailles, quelques-unes propres et brillantes, le plus souvent grises, patinées de sueur et teintes de sang.

« Pour qui me prenez-vous donc ? »... me dit l'un d'eux à qui je demandai s'il en avait une ; et entr'ouvrant sa chemise il me montra, attachée à son cou par une grosse ficelle, une large médaille de cuivre.

Plus de cent blessés moururent pendant notre séjour à Chauny.

A leur moment suprême, mon ministère de prêtre s'agrandissait du rôle de parent et d'ami. Je remplaçais près de ces pauvres camarades la famille absente, le père, la mère qui ne sauraient pas de longtemps que leur fils avait payé de son sang sa dette au pays ; je devenais leur représentant de par le désir conscient ou non des mourants, qui éprouvaient un besoin profond de ne plus se sentir isolés. C'est près d'eux que j'ai compris dans toute son acuité l'amertume de l'agonie solitaire.

Dès que le malheureux n'était plus, on portait le corps dans une petite pièce proche de l'ambulance, et, le lendemain, le clergé de Chauny venait le chercher à notre porte extérieure.

La fin de nos braves n'avait point eu l'hommage de pleurs versés par des yeux attendris ; les soldats ne se pleurent point entre eux ; leurs restes s'en allaient privés du piquet d'honneur, des fusils abaissés en signe de deuil, du dernier salut près de la fosse entr'ouverte.

Vers la fin d'octobre, la situation devint moins pénible. Le ravitaillement s'opéra plus aisément et dans de meilleures conditions.

Le curé de Chauny nous rendait des visites plus fréquentes, qu'il agrémentait de petites douceurs pour nos malades et de conversations aimables et enjouées.

Une dame nous apporta un paquet de tabac, qu'elle gardait depuis trois ans, en souvenir de son fils qui l'avait ouvert avant de mourir. Elle nous le remit, en nous disant qu'elle espérait que son fils ne lui en voudrait pas.

La Croix-Rouge envoya quelques tonneaux de vin. Pour les faire durer plus longtemps, on versa la valeur d'une bouteille de vin dans un broc d'eau. Le mélange produisit une petite illusion d'un rose pâle qui fut réservée aux malades. Comme ils étaient plusieurs centaines, quinze jours plus tard l'illusion disparut.

La concierge de l'usine, brave ménagère, active et dévouée, put nous faire quelques commissions et même nous offrir du café. A l'arrivée de nouveaux blessés, soit de jour, soit de nuit, elle leur préparait aussitôt de la soupe et ne se faisait pas payer trop cher, chose importante pour nous, dont le porte-monnaie ne pouvait se regarnir, puisque nous ne recevions rien de France.

On trouva le moyen de gagner plusieurs sentinelles qui nous achetèrent du tabac, du chocolat même; il est vrai que c'était du chocolat allemand, car des épiciers originaires des bords du Rhin étaient venus s'installer à Chauny.

On nous donna un peu plus de linge, des sacs, quelques couvertures, des paillasses, une douzaine de lits, qui nous permirent d'installer moins mal les mourants et les plus grièvement blessés. Une vieille lampe à acétylène remplaça notre petite lampe, dont la mèche refusait de s'allumer. Peu après on installa l'électricité.

Évidemment, il y avait loin de notre situation à un état de médiocre bien-être, et pour ne pas nous trouver malheureux, nous étions obligés de nous rappeler la pénurie et les misères des premiers jours. Et puis l'habitude agissait; ah!

l'habitude, quelle berceuse de souffrances et comme elle sait les endormir !

La gaîté, voilée pendant des semaines, commença à reparaître.

On chanta tout doucement quelques chansonnettes. Je me surpris moi-même à fredonner une vieille chanson des Missions-Étrangères, d'ailleurs tout à fait de circonstance :

Pour êtr' missionnnaire dans not' Congrégation,
Faut quitter père et mère et toute la maison,
Ne pas avoir la têt' solide sur le cou,
Et se faire un' fête de n'avoir pas le sou.
Sur l'air du tra déridera tra-la-la-la.

Lorsque vient la tristesse,
Faut la congédier
Avecque politesse,
Mais sans parlementer.
Et quand sur cette terre
On n'a pas ce qu'on veut,
Il faut savoir se faire
Au bon plaisir de Dieu.
Sur l'air du tra-la-la-la.

On ne se priva même pas toujours du plaisir de taquiner nos gardiens.

Quand des avions français venaient planer au-dessus de Chauny, et se jouer dans leur vol léger des obus et des balles que nos ennemis leur envoyaient :

— Eh bien, demandions-nous à la sentinelle, l'avion français a-t-il été touché ?

Si le soldat était de bonne humeur, il répondait :

— Ça sera bour la brogenne vois.

S'il était grincheux, il répliquait d'un ton rogue :

— Bassez fotre gemin.

Des camarades guéris ou en voie de guérison étaient évacués sur l'Allemagne, leurs adieux mettaient dans notre existence un peu de mouvement, et dans notre cœur un peu d'émotion; on se serrait les mains, on s'embrassait; se reverrait-on jamais ?

— Ce qui me manquera le plus là-bas, répétait un artilleur, ce n'est pas ma mère, ni ma femme, ni mon pays, ni rien de tout cela, c'est mon 75; dire que je ne l'entendrai plus.

Il n'était pas le seul à penser et à parler ainsi.

Ceux qui partaient étaient vite remplacés; il nous en arriva de Roye, de Crouy, de Vailly. Le

1er novembre nous recevons en une seule nuit 240 blessés. Quand ils voyaient notre misérable installation, les uns étaient pris de dégoût, les autres riaient : « Allons, disaient-ils, on est encore mieux ici que dans les tranchées, on a les pieds secs, et la tête au frais. »

Ils nous annonçaient qu'en France tout allait bien, qu'on se battait ferme et qu'on aurait certainement raison des envahisseurs.

Ils avaient dans leur poche un morceau de journal dérobé aux recherches des Allemands,ils nous le passaient, et nous le lisions en nous cachant des sentinelles. Petits bonheurs de prisonniers!

Au mois de décembre, je ne sais plus qui nous apporta des planches. Un infirmier de zouaves, à moitié guéri et menuisier de son métier, fabriqua une petite salle d'opérations qui servit aussi pour placer les remèdes.

Vers le 20 décembre, je demandai à pouvoir, en la fête de Noël, célébrer la messe de minuit. La Kommandantur refusa. Je célébrai la messe du jour, à laquelle communièrent une trentaine d'hommes. Elle fut suivie d'une petite fête organisée par les malades, et égayée par les dons des dames de la Croix-Rouge, quelques bouteilles de vin et des cigares.

On fit une séance amusante et gratuite, on chanta des chansons patriotiques, le tout relevé de rires interminables et de bravos retentissants.

Le premier jour de l'an fut marqué par des réjouissances analogues.

Les lèvres souriaient; au fond, le cœur était triste. A beaucoup de nos soldats ces fêtes rappelaient plus vivement la famille. Le lendemain du premier jour de l'an, je vis un soldat qui contemplait le portrait de sa femme et de ses enfants. « Mes petits, mes petits, répétait-il, je les aime tant; ils ne pourront pas même me souhaiter la bonne année. » Et il se mit à sangloter.

Le 7 ou 8 janvier, les Allemands nous disent qu'ils ont besoin de nos ambulances, et qu'ils vont nous évacuer sur Avesnes.

Je ne possédais plus que quelques sous, que je ménageais avec des soucis d'avare pour acheter du tabac. Je priai le curé de Chauny de me prêter 50 francs. Il y consentit de la meilleure grâce, et je lui fis une reconnaissance incompa-

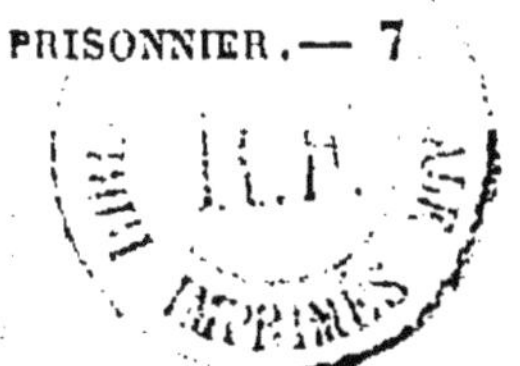

rablement moins solide que celle que mon cœur lui porte. Ce fut une heureuse inspiration, car à Avesnes, où nous allions demeurer plusieurs mois, la détention devait être plus sévère; et sans le prêt du bon curé, et les 10 francs que me donna ensuite la Présidente de la Croix-Rouge, j'aurais été réduit à fumer des feuilles de noyer, — ce qui est désagréable, — et à ne pouvoir offrir même la moitié d'une pipe au camarade dénué de tout, chose encore plus pénible.

AVESNES

Quitter Chauny pour Avesnes, l'Aisne pour le Nord, ce n'était pas quitter la France, et quoique notre situation fût, par certains côtés, plus dure que celle de nos compatriotes internés en Allemagne, cependant nous la préférions. Sans doute, nous étions privés de communication avec nos parents et nos amis, mais nous respirions l'air de la patrie, nous vivions sur son sol, les maisons où nous demeurions, les objets qui nous entouraient, les arbres que nous apercevions, tout cela était français, et ce nom enveloppait notre détention d'une douceur que le séjour sur la terre allemande lui eût enlevée.

Le 12 janvier 1915, nous partons de Chauny. Je ne le regrettai pas, et tous mes camarades de l'ambulance Tanchon partageaient mes sentiments. Nous y avions beaucoup souffert et nous y avions vu mourir un grand nombre des nôtres. Jamais je n'ai compris, et je ne comprends pas davantage maintenant, comment on a pu laisser si longtemps des centaines de blessés dépourvus du nécessaire, dans un tel état de misère et un manque si complet d'ordre et d'organisation.

Depuis lors, j'ai appris que nous avions été les plus mal partagés, que les deux autres ambulances de Chauny possédaient un modeste confortable qui nous fut inconnu. Je m'en réjouis, mais je comprends moins encore.

Au moment de notre départ pour la gare, les habitants de la petite ville se groupent sur notre passage ; ils ont, paraît-il, défense de nous parler et de nous offrir aucune provision. Ils se mettent peu en peine de la défense, nous donnent des cigares, du chocolat, nous serrent la main en nous disant doucement au revoir.

De Chauny à Avesnes, le voyage s'effectue dans un train sanitaire allemand.

Chaque wagon peut contenir tantôt quatorze, tantôt dix-huit malades couchés sur des brancards, qui se placent dans les deux sens de la voiture.

Bien entendu, nous sommes gardés militairement.

Nous débarquons à Avesnes le 13 au matin par un brouillard épais et froid.

La population, moins nombreuse qu'à Chauny, car, avant la guerre, elle ne dépassait guère le chiffre de 6.000 habitants, avait l'ordre de ne pas se grouper sur notre passage, et même de ne pas circuler dans les rues.

Pour répondre à cet ordre comme il convient, les dames de la Croix-Rouge, reconnaissables à leur brassard, des jeunes gens, des fillettes se sont réunis sur les trottoirs, et jettent à nos blessés des cigares, du tabac, même des pièces d'argent, dons agréables et utiles sans doute, mais qui nous touchent moins que leur sympathie si clairement exprimée.

Nous sommes conduits à l'école des filles, vaste maison élevée d'un étage, et flanquée d'un hangar transformé en annexe de l'ambulance. Devant la maison, une cour assez large s'ouvre sur la rue.

Quand nous entrons dans notre nouvelle demeure, je pousse un soupir de soulagement.

Quel changement avec notre ambulance de Chauny ! Des dortoirs aux longues rangées de lits bien alignés, pourvus de sommier, de matelas, de draps, de couvertures réjouissent nos regards.

Pour ma part, j'aurai une petite chambre que je partagerai avec deux zouaves.

Mais la consigne est ici beaucoup plus sévère qu'à Chauny ; aucun habitant d'Avesnes n'a le droit d'entrer dans notre ambulance : ni le curé, ni ses vicaires, ni les dames de la Croix-Rouge, et cette consigne sera strictement observée. Nous-mêmes sommes rigoureusement surveillés, et, même pour traverser la cour, afin de nous rendre à l'annexe, nous serons accompagnés d'une sentinelle. On nous autorise à écrire à nos familles une lettre par mois, et on nous promet de nous transmettre les réponses ; nos cartes, aussi bien que celles de nos familles, doivent renfermer uniquement des nouvelles de santé, avec notre adresse et la leur. J'en expédiai plusieurs qui parvinrent à leur destination. On s'empressa de me répondre, mais les lettres furent retournées à leurs auteurs, et je n'en reçus aucune. Je demeurai privé de toute correspondance pendant huit mois.

Le bruit même du canon, notre suprême réconfort, ne se faisait plus entendre que rarement et vaguement, par suite de notre éloignement de la ligne de feu. J'ai vécu pendant bien des années à plus de quinze cents lieues de la France; je n'ai jamais été aussi isolé d'elle que dans cette ambulance-prison d'Avesnes.

La nourriture est loin d'être suffisante, et quelle nourriture !

Le pain, de fabrication allemande, est gris ou noir; on donne un pain pour sept hommes, ce qui permet à chacun d'eux d'en avoir environ cent à cent vingt-cinq grammes par jour.

On nous sert trois repas, dont voici la maigre composition :

Le matin, un jus de couleur noire que l'on décore bien à tort du nom de café, et qui n'en a ni l'odeur, ni le goût.

A midi, un potage et un plat; le potage n'est pas mauvais, quoique je ne puisse pas souvent en distinguer la nature; le plat se compose d'avoine, d'orge, ou de riz décortiqué et resté en grains. Nos estomacs supportent le riz et l'avoine, mais il est impossible à plusieurs d'accepter l'orge ; notre cuisinier, un zouave débrouillard, a beau s'ingénier à varier ses sauces, le résultat est le même, beaucoup d'entre nous sont réfractaires à l'orge.

Assez rarement, un modeste ragoût remplace les céréales; les légumes n'apparaissent jamais sur notre table, et nous pouvons croire que le dessert n'a existé que dans les contes de fées.

Pour le troisième repas, qui se prend à 6 heures du soir, on nous donne, comme à midi, un plat de riz ou d'orge, ou des restes de viande du dîner, si par hasard il en existe.

L'eau était la seule boisson admise parmi nous sans que nous eussions jamais pris le pledge, et fait partie de la moins sévère des ligues antialcooliques.

Je comparais parfois à notre table les mets indiens, dont la saveur avait pendant plusieurs années réjoui mon estomac, le moulagoutanir, les pousses des bambous, etc., et je les trouvais bien supérieurs. Je ne crois pas cependant que la magie des souvenirs fût seule coupable de cette opinion.

Toutes les semaines, chacun de nous pouvait écrire une liste des objets qu'il désirait acheter, et la donner à un sergent faisant fonction de secrétaire à la Kommandantur; celui-ci résumait ces listes en une liste générale, et la transmettait au major, qui jugeait des demandes et parfois les supprimait. Des sœurs protestantes, en jupe bleue, sarrau blanc marqué d'une croix rouge, et cornette blanche, venaient ensuite chercher la liste approuvée et faisaient les achats. Nos modestes ressources nous permettaient d'ailleurs très peu d'emplettes ; pour ma part, je n'ai jamais eu recours aux services des diaconesses.

Tel fut le régime, singulièrement pénible et débilitant, des malades et des infirmiers de notre ambulance à Avesnes.

Il ne changera pas pendant tout mon séjour, c'est-à-dire trois mois durant; et je n'étonnerai personne en disant que beaucoup d'entre nous ont souffert de la faim, et que l'on vit peu à peu un certain affaiblissement se produire, la pâleur et la maigreur s'accuser, même chez les tempéraments les plus résistants.

Une autre privation me fut bien plus sensible.

J'avais demandé l'autorisation d'écrire au curé d'Avesnes pour le prier de me prêter les ornements nécessaires à la célébration de la messe ; on me refusa. Je sollicitai l'envoi d'un soldat allemand pour faire cette commission : j'éprouvai le même refus. A la fin, les médecins, qui cependant ne me semblaient pas d'une dévotion extraordinaire, se plaignirent de cet état de choses ; et la Kommandantur m'autorisa à dire la messe le jour de Pâques. Mais les ornements ne furent apportés que le lendemain, lundi. Il y a vraiment de ces coïncidences que le meilleur caractère du monde ne saurait trouver heureuses, et que l'optimisme le mieux trompé ne peut prendre pour des procédés aimables. Que vous en semble?

A dater de ce jour, cependant, je pus dire la messe une fois par semaine, le dimanche. Pendant deux mois, nos malades et nos mourants étaient donc, comme moi, restés sans le sacrement qui fortifie. Ah ! elle est dure la détention allemande ! dure au corps, au cœur, à l'esprit ; et je ne sais si je dois admirer l'empressement dont en France plusieurs entourent nos ennemis blessés.

Au début, notre ambulance renfermait 180 malades, et si quelques-uns devaient subir une opération grave, on les portait à l'hôpital allemand.

Déjà familiarisé avec toutes sortes de blessures, je ne remarquais plus aussi curieusement celles que j'avais à soigner ; je me souviens cependant d'un soldat qui nous arriva avec 22 éclats d'obus reçus en même temps dans les deux jambes, et dont pas un n'avait touché les os ; malheureusement, un vingt-troisième avait brisé le bassin, et entraîné dans l'intérieur de la plaie des fragments de vêtement qui causèrent une abondante suppuration.

Plusieurs soldats avaient les pieds gelés et déjà atteints par la gangrène. J'ai vu un Marocain auquel on coupa les deux pieds ; l'amputation fut facile : le chirurgien n'eut qu'à trancher un peu de peau, quelques membranes, et les pieds se détachèrent d'eux-mêmes.

Je fis également deux autres remarques :

Dans les premiers combats, les projectiles avaient surtout atteint les bras, les jambes et la poitrine.

Quand la guerre de tranchées eut remplacé la grande bataille, les blessures de tête furent les plus nombreuses.

Un de nos médecins me fit observer que la balle allemande causait plus de mal que la balle française, parce que, étant moins résistante, elle s'aplatit ou se brise sur les os et déchiquette les chairs.

Ce médecin était un libre-penseur plus obstiné dans son incrédulité que mon ami de Cuts ; il tenait cependant à m'avertir si l'état des blessés présentait un danger grave. Il savait inspirer confiance aux malades et remontait leur moral avec une facilité surprenante, ayant une façon à lui de leur dire : « Ça va bien... tu guériras ; sois tranquille, ta constitution est robuste comme pas une », qui portait l'espérance et la joie chez les plus abattus.

Les communications avec le dehors, je l'ai dit, nous étaient strictement interdites ; mais le prisonnier est un peu comme le liquide, il trouve promptement la plus petite fissure.

Dans une chambre, on possédait une ficelle qu'on lançait par-dessus le mur pendant la nuit ; des voisins complaisants surveillaient la manœuvre, et attachaient des journaux ou du tabac à l'extrémité de la ficelle, qui remontait ensuite au domicile de son propriétaire.

Parfois aussi, les religieuses françaises, qui soignaient des blessés allemands dans une ambulance située en face de la nôtre, projetaient derrière la maison un petit paquet de journaux qu'un de nous s'empressait de cueillir. Ou bien encore, si nous étions aux fenêtres, un passant nous jetait un « ça va bien » qui nous réjouissait, car nous savions qu'il voulait dire : les nouvelles de France sont bonnes.

Assurément les habitants d'Avesnes ne recevaient de France aucune lettre et aucun journal ; mais quelques nouvelles filtraient malgré tout à travers l'infranchissable barrière.

Les jours de notre vie emmurée s'égrenaient ainsi dans la monotonie que coupaient seuls, avec ces très petits incidents, quelques décès de malades et des départs de convalescents.

La mort était ici encore plus triste qu'à Chauny. Dès que le décès était constaté par un médecin, on avertissait le chef du poste allemand, et quand il arrivait avec des porteurs, les infirmiers lui remettaient le corps, qui s'en allait ainsi, sans prêtre, sans croix, sans drapeau, sans aucun emblême religieux ou patriotique, anonyme et seul par les rues d'Avesnes.

EN ALLEMAGNE. — LE CAMP DE WETZLAR

Le 19 avril, nous recevons l'ordre de nous préparer à partir pour l'Allemagne. La nouvelle, qui ne nous réjouit pas, nous prouve une fois de plus que les Allemands, malgré leurs dires répétés, traitent les médecins et les infirmiers en prisonniers, absolument comme des combattants.

A cette époque, notre ambulance ne renfermant plus qu'une trentaine de blessés, tous convalescents, les préparatifs ne furent ni longs, ni compliqués.

Avertie de notre départ, la Croix-Rouge nous envoie du linge : chemises, mouchoirs, dont nous avons un pressant besoin. Nous jetons un dernier coup d'œil sur les salles et sur les chambrettes, et nous nous rendons à la gare, entourés d'une vingtaine de soldats allemands, qui laissent quelques habitants nous serrer silencieusement la main et garnir nos musettes.

Les wagons sont prêts pour nous recevoir; les médecins montent en seconde classe, nous en troisième; des sentinelles se placent dans chaque voiture, et à 11 heures le train s'ébranle...

Vers quelle région de l'Allemagne nous dirigeons-nous ?

Nous roulons rapidement avec des arrêts peu fréquents, mais prolongés. Voici Maubeuge, dont nous apercevons un quartier dévasté et un fort en ruines; Charleroi, où nous stationnons près d'une heure avant d'avoir la permission de descendre.

Çà et là, travaillant comme des hommes, des femmes belges traînent des brouettes, portent des madriers ou des barres de fer, rechargent la voie de pierres et de terre; elles nous demandent des nouvelles que, hélas! nous ne pouvons leur donner. Pauvres femmes, qui attendent, avec une impatience douloureuse, la libération de leur patrie et le retour des êtres chers qu'elles comptent parmi les combattants de l'Yser, et parmi les réfugiés hospitalisés dans nos villes et dans nos villages.

Le long de la voie s'alignent de vastes hangars en bois avec couverture en zinc, sous lesquels un régiment tout entier peut prendre son repas.

Enfin, on nous laisse descendre : des cantiniers nous apportent un ragoût, des saucisses et de mauvais café. Les médecins prennent à part la même nourriture qui, pour eux et pour nous, formera le seul repas de la journée.

Nous passons à Liége pendant la nuit. Le matin nous nous réveillons dans un pays accidenté, découpé, où de maigres pâturages alternent avec des collines couvertes d'arbres rabougris. Brusquement les collines s'abaissent, et une campagne peuplée et fertile s'ouvre devant nous. Encore quelques minutes et nous arrivons à Aix-la-Chapelle, dont les maisons et les clochers se noient dans une brume épaisse.

Les dames de la Croix-Rouge, qui semblent être commandées et agir militairement, nous apportent du café, et du pain d'une couleur gris-noir et d'un goût fade.

Après un arrêt de deux heures, nous repartons, laissant nos yeux errer sur de vastes plaines parsemées de gros villages et de villes assez étendues ; pays d'industrie et de culture où les cheminées d'usine font traîner leurs fumées sur des champs riches de betteraves, de blé, d'orge, de pommes de terre.

Nous ne faisons qu'une halte assez courte à Cologne, et nous continuons de parcourir la vallée du Rhin, où abondent les paysages tantôt gracieux, tantôt grandioses, et toujours pittoresques : antiques castels perchés sur des collines abruptes ; villages modernes cachés dans des nids de verdure ; rochers de forme étrange aux pierres noires et rouges ; bois de hautes futaies aux arbres centenaires; vallées fleuries arrosées de ruisseaux argentés, animées par la présence de nombreux troupeaux que gardent des enfants.

A la vérité, le merveilleux décor de la route n'attire guère notre attention et ne retient point notre pensée.

Nous nous éloignons de la France, et nous sommes prisonniers contre tout droit ; cette double idée hante trop fortement notre cerveau et pèse trop lourdement sur nos cœurs pour que la nature et ses charmes aient sur nous quelque emprise.

Et puis, oublierions-nous momentanément notre sort, que les petits pâtres de la Prusse-rhénane et de la Hesse nous le rappelleraient. Quand, assis ou couchés sur l'herbe, ils entendent le roulement du train, on les voit aussitôt se lever, courir vers lui, et nous montrer le poing en proférant des menaces dès que nos képis apparaissent à la portière. Un jeune garçon saisit son fouet et nous couche en joue d'un air comiquement féroce; une fillette aux cheveux blonds, aux yeux bleus, aux joues roses et rebondies, telle qu'elle eût pu servir de modèle aux peintres allemands pour leurs chérubins joufflus, tient d'une main un bouquet de fleurs champêtres et de l'autre brandit un gourdin.

Le soir, nous arrivons à Wetzlar. La vieille ville, bâtie en amphithéâtre sur une colline assez élevée et dominée par une église, offre une perspective pittoresque rendue plus vivante par l'éclat des derniers rayons du soleil qui dorent les façades de ses maisons grises. Plus bas, la nouvelle ville prolonge dans la plaine ses rues bordées de confortables maisons et de magasins, où l'élégance allemande, nous le verrons en passant, se donne libre carrière.

Dès que le train stoppe, on nous fait descendre. Nous avions entendu parler du camp de prisonniers de Wetzlar, on va nous y conduire.

Ce camp, situé sur une colline, et distant de la ville d'environ 3 kilomètres, renferme 5.000 à 6.000 Français et Russes. Pour nous y rendre, nous traversons une partie de la nouvelle ville, nous grimpons une côte assez raide, et, après une demi-heure de marche, nous apercevons de vastes baraquements en bois et en briques légères, couverts d'un toit de zinc, éclairés de petites fenêtres toutes d'égale grandeur et percées à des intervalles réguliers. On dirait, dans le lointain et dans la brume qui monte de la vallée, une agglomération de maisons basses et longues, comme on en construit quelquefois dans le voisinage des grandes usines pour les habitations ouvrières. Ce sont les logements des prisonniers de guerre.

Des routes assez larges sillonnent le camp, reliant les baraquements et facilitant le ravitaillement et les transports.

Des sentinelles,postées à l'intérieur et à l'extérieur,se tiennent immobiles ou marchent d'un pas cadencé, tout en regardant avec curiosité notre groupe qui, entré dans l'enceinte, se divise en deux. Nos médecins vont à l'infirmerie, qui leur servira d'habitation pendant le peu d'heures qu'ils ont à passer ici; les infirmiers sont placés dans le coin d'un baraquement.

Chaque baraquement peut recevoir un bataillon, qui n'a pas le droit de communiquer avec le voisin. Il possède pour tout ameublement des lits uniquement composés de paillasses minces et étroites, étendues par terre, très proches l'une de l'autre, et recouvertes d'un morceau d'étoffe noire en guise d'édredon.

Dès que nous entrons, nous sommes entourés par les camarades qui nous serrent chaleureusement les mains et nous assaillent de questions. — D'où venez-vous ? — Allez-vous rester ici ? — Comment vous a-t-on traités ?

Mais les interrogations qui reviennent sans

cesse sous une forme ou sous une autre sont celles-ci : — Où en est la guerre ? — Avons-nous des succès ? — Quand la guerre finira-t-elle ?

Si nos renseignements trop succincts ne les éclairent pas beaucoup, du moins nos espérances avivent les leurs. On parle d'une offensive générale, de victoires futures certaines, et de la paix pour le mois de septembre.

Puis, c'est à notre tour de poser des questions auxquelles nos camarades peuvent faire des réponses plus précises sur leur situation et le traitement qu'ils subissent. Les Allemands ne se sont pas appliqués à leur rendre l'existence douce et confortable ; on s'en doutait.

L'hiver a été pénible dans ce pays froid et brumeux, où l'on manquait de vêtements chauds et où l'on travaillait dehors, même par la pluie.

La plupart des prisonniers, en effet, sont occupés dans le camp à casser des pierres, à couper l'herbe, à réparer les routes, etc... Quelques-uns, ouvriers de métier : menuisiers, sabotiers, tailleurs, ont obtenu de travailler chez les artisans de la ville ; ils gagnent de 30 à 50 pfennigs, c'est-à-dire de 33 à 56 centimes par jour, et en plus leur nourriture, qui est meilleure que celle des internés. On les paie en jetons, qu'ils ont surnommés monnaie de singe; ce sont des pièces de métal fragile, sur lesquelles sont gravés la valeur de la pièce et le nom de Wetzlar.

Quand je demande quelle a été et quelle est encore la nourriture ordinaire, les explications ne varient pas, pas plus, hélas ! que le menu quotidien.

Le matin : café sans sucre, mauvais, assez abondant pour qu'on en puisse réserver et se donner la satisfaction d'en boire pendant la journée.

A midi : mets unique composé d'épluchures de carottes et de pommes de terre.

Le soir : nouilles ou macaroni.

Tous les 4 ou 5 jours : une boule de pain noir à base de farine de pommes de terre. Le poids de ce pain a été calculé de manière qu'un homme puisse en avoir de 120 à 140 grammes par jour. Au moment de la distribution, on avertit de la date de son renouvellement. L'eau est l'unique boisson.

La quantité des mets a été augmentée depuis quelque temps; mais leur valeur nutritive est loin d'y correspondre, et deux heures après le repas, les malheureux sentent la faim tenailler leur estomac, à peu près comme s'ils étaient à jeun.

Naguère, il n'existait pas de cantine, et, même à prix d'argent, les prisonniers ne pouvaient se procurer aucune provision. On vient d'en installer une qui vend chocolat, confitures, sucre, mais pas de boisson.

Les colis, qu'envoient de France les parents et les amis, arrivent à peu près régulièrement, et tous les jours, des prisonniers divisés par équipes, vont, sous la garde de soldats allemands, les chercher à la gare.

Malgré les améliorations opérées, et dont la principale est la distribution des envois venus de France, il me semble que le traitement pourra s'améliorer longtemps encore avant de devenir bon. « Ah! conclut un Parisien, nous aimerions mieux le voir finir que s'améliorer! » Tout le monde approuve. Comme il est tard, les conversations cessent, et l'on s'endort en rêvant peut-être du veau gras qui, à la table de famille, accueillera les exilés.

Le lendemain matin, notre toilette se fait dehors à une fontaine placée près du baraquement et garnie de 4 ou 5 cuvettes.

Je demande aux camarades s'ils ont un aumônier. « Oui, me répondent-ils, c'est un Allemand ; nous le voyons une ou deux fois par semaine, et, justement, c'est aujourd'hui son jour de visite. »

Il vient en effet dans l'après-midi et me fait un accueil correct. Ayant appris ce matin, par un séminariste du diocèse de Paris, qu'un de nos aspirants des Missions-Etrangères se trouve parmi les prisonniers, j'exprime à l'aumônier le désir de le voir. Il le connaît et me conduit obligeamment vers lui. Le cher jeune homme était bien loin de penser à ma visite, mais il me reconnaît immédiatement : « Le P. G...! s'exclame-t-il, vous ! » Ses yeux se remplissent de larmes et nous tombons dans les bras l'un de l'autre.

L'aumônier était accompagné d'un autre prêtre, ami d'un de nos missionnaires du Kouang-tong, originaire d'Alsace. Entre nous, la réserve des débuts fit place à une certaine courtoisie, qui resta toujours froide. Si nous étions confrères dans le sacerdoce, si nous priions le même Père, si nous espérions le même avenir dans la même éternelle patrie, la séparation entre nos patries de la terre était trop profonde pour pouvoir être comblée. Nous n'étions pas sur un champ de bataille, mais nous étions des belligérants.

Je témoignai à l'aumônier le désir de l'aider dans son ministère près de mes compatriotes, et lui demandai s'il me serait possible d'en obtenir l'autorisation. « Je vais m'en informer », répondit-il. Faite dès le soir, cette démarche n'eut pas le résultat espéré, car on répondit par un refus; mais elle en eut un autre, que je n'avais pu prévoir et qui devait influer sur mon sort.

En présentant ma demande, l'aumônier avait nécessairement fait connaître à la Kommandantur que j'étais prêtre; on en prit note et l'on m'inscrivit sur la liste des officiers, selon l'ordre donné par l'empereur d'Allemagne de placer dans cette classe tous les ecclésiastiques revêtus du sacerdoce. J'ignorais ce détail, quand le lendemain, 23 avril, on me prévint de me préparer à partir pour Mayence, en m'expliquant que désormais je serais traité comme officier.

Je dis au revoir à mes camarades d'un jour, je refis mon petit paquet de linge, mis ma musette en bandoulière, et m'en allai retrouver les cinq médecins que l'on conduisait à la gare.

MAYENCE

De Wetzlar à Mayence, la route n'est pas très longue, environ 7 heures de chemin de fer, et mes compagnons l'abrégèrent encore par leur amabilité et par leur conversation agréable, à laquelle se mêla pendant quelques minutes un des soldats postés dans le couloir de notre wagon de seconde classe.

C'était un ancien cuisinier du camp ; il nous raconta qu'il devait aller bientôt sur le front occidental, et nous parla avec une certaine appréhension de l'artillerie française.

« Beaucoup capout, répétait-il, trop capout. » Il aurait mieux aimé marcher contre les Russes. Allemand pratique, en prévision d'une captivité possible, il s'était fait donner par nos soldats une lettre de recommandation attestant qu'il avait toujours été bon pour eux. La lettre était dûment signée par les sous-officiers français du camp de Wetzlar.

Arrivés à Mayence, nous sommes conduits à la citadelle, qui se trouve assez voisine de la gare. Je ne l'ai pas visitée, et ne saurais la décrire minutieusement. Voici, en résumé, ce que j'en ai vu : c'est une construction énorme, lourde, composée de plusieurs bâtiments d'époques différentes.

La partie ancienne, dans laquelle nous entrons d'abord, avec ses longs corridors voûtés et ses larges escaliers, me donne la sensation d'un grand couvent du moyen-âge.

A gauche, quand on tourne le dos à cette partie, on voit un bâtiment récent à trois étages, destiné aux sous-officiers, divisé en chambres nombreuses et bien aérées par de larges fenêtres.

A droite, s'élève une construction d'allure plus modeste et sans doute de date plus ancienne. Au milieu, une vaste cour est clôturée par des murs épais.

Après avoir traversé la cour, nous pénétrons dans le premier bâtiment, et l'on nous introduit dans une chambre meublée de lits étroits et de chaises solides. On nous apporte de la viande froide, du pain et de l'eau.

Le lendemain, le lieutenant qui commande cette partie de la citadelle nous fait appeler, l'un après l'autre. Il est assis à son bureau, sur lequel se promènent de grandes feuilles de papier et de petits cartons qui ont l'apparence de fiches. Il nous adresse poliment à tous les mêmes questions :

Quel nom ? Quel âge ? A quel régiment appartenez-vous ? Quelle compagnie ? Quelle était la force de votre régiment ? Quel général vous commandait ? Qu'avez-vous fait pendant la campagne ? Quel itinéraire avez-vous suivi ? Où avez-vous été pris ?

Il nous explique que cet interrogatoire est fait en vue d'écrire plus tard, avec détails et exactitude, l'histoire de la guerre. C'est, jugeons-nous, à peu près... vrai. Nos réponses se ressentent de cet à peu près.

Quand je lui dis que je suis prêtre, il m'avertit que je puis demander à rester à Mayence, à aller au camp des prêtres, à Celle, dans le Hanovre, ou à être aumônier dans un camp de prisonniers.

C'est ce dernier parti que je choisis. Durant mon court séjour à Wetzlar, j'ai compris de quelle utilité serait pour nos soldats la présence d'un prêtre français parmi eux. Sans doute, ils ont un aumônier, mais cet aumônier est Allemand, et il est à craindre que nos prisonniers n'aient pas en lui la confiance que leur inspirera un compatriote. Assurément, la sympathie manquera. Comment alors lui révéler les peines, les tristesses, lui parler de la famille, du pays, des espoirs de retour ou de victoire ? Le simple aveu des fautes même ne sera-t-il pas plus pénible? La foi la plus profonde parviendra-t-elle à vaincre le sentiment qui éloigne le Français de l'Allemand, et à rapprocher le chrétien du prêtre? Et combien plus difficile ce rapprochement, si, chez le captif, l'indifférence a remplacé la vivacité des pieuses croyances. Et si un prisonnier vient à mourir, la voix de l'étranger saura-t-elle se faire assez douce pour murmurer au cœur défaillant les paroles de suprême consolation ?

Telles étaient les réflexions qui décidèrent mon choix. Le lieutenant allemand rédigea ma demande.

En attendant la réponse, qui ne m'arriva jamais, je devais demeurer à Mayence.

Cet interrogatoire achevé, on me plaça dans une chambre située au premier étage, dans le bâtiment de droite destiné aux sous-officiers et dont j'ai dit un mot. Des deux fenêtres, la vue s'étend sur une partie de la ville, sur la campagne et sur le Rhin, qui se déroule en un large ruban ; des collines boisées ferment l'horizon.

Cette chambre est occupée par sept officiers : un capitaine de l'infanterie coloniale, parent de Mgr de Gibergues, évêque de Valence, un capitaine de l'infanterie métropolitaine, réserviste, et dans la vie civile tailleur pour dames, quatre lieutenants, dont un amputé de la jambe droite, un sous-lieutenant, prêtre, originaire de la Mayenne, et qui, sergent à son départ pour la guerre, avait par sa bravoure et son intelligence obtenu l'épaulette.

Tous m'accueillent avec une cordialité nuancée de respect pour mon caractère sacerdotal ; ils m'offrent du chocolat, du pain, du sucre, car ils supposent, et avec raison, que le maigre repas fait la veille a été insuffisant. Mais ce qui, là comme ailleurs, anime le plus vivement la conversation est la guerre et ses péripéties. Que d'hypothèses, que de raisonnements plus ou moins démentis par les faits, qui nous paraissaient, et surtout que nous désirions irréfragables ! Et combien souvent nous y reviendrons ! C'est à peu près l'unique pensée, ou du moins est-elle au fond de toutes les autres. C'est une poursuite, une hantise de chaque instant.

Plusieurs de ces officiers avaient été faits prisonniers à Lille, à Maubeuge, à Virton, à Noyon ; ils étaient donc là depuis longtemps. Ils me racontèrent, comme l'avaient fait les soldats à Wetzlar, la dureté des premiers mois de leur captivité. On les avait traités rudement, leur permettant seulement de sortir de leur chambre deux fois par jour, pour des promenades obligatoires d'une heure, faites en tournant dans un coin de la cour, comme les voleurs enfermés à la Roquette ou à la Santé.

La nourriture était insuffisante et mal préparée.

Les appels se répétaient quatre ou cinq fois par jour, et quelquefois plus.

Les officiers français reçurent même l'ordre de saluer les sous-officiers allemands, ce à quoi d'ailleurs tous se refusèrent.

Enfin, ils se plaignirent de ce traitement au consul d'Espagne, au président de la Croix-Rouge de Genève, et peu à peu la situation se détendit.

On ne fit plus que deux appels par jour, à 9 heures du matin et à 5 heures du soir ; à 9 heures, des sous-officiers passaient dans les chambres pour s'assurer de la présence de leurs hôtes ; il en était ainsi lors de mon arrivée à Mayence.

Pendant longtemps tous les officiers s'étaient rendus aux appels, même les généraux russes. Arriva un général français qui jugea de sa dignité d'agir autrement ; le colonel allemand qui faisait l'appel envoya un soldat lui porter l'ordre de se présenter :

— Dites au colonel, répondit-il, que je suis prêt à le recevoir.

Et il resta chez lui.

Dès lors, les généraux russes imitèrent son exemple.

L'appel des officiers, jusqu'au grade de commandant inclusivement, était fait par un commandant allemand ; il donna lieu à une scène typique. Ce commandant arrivait parfois en retard. Un jour que le retard s'était prolongé, un commandant français qui parlait très bien la langue allemande lui demanda avec le plus grand calme :

— Pourquoi êtes-vous en retard ?

— Que vous importe ? répondit brusquement l'Allemand.

— Comment, que m'importe ? Mais la discipline est pour tout le monde ; nous ne sommes pas des criminels, des prisonniers de droit commun. D'ailleurs vous n'êtes que commandant de réserve ; je fais partie de l'active et suis votre aîné de grade, je ne supporterai pas que cet état de choses continue.

Ces paroles, que la position respective des deux officiers rendait vraiment extraordinaires, étaient prononcées sur un ton tranquille, un peu froid, qui en doublait l'effet. De l'étonnement, l'Allemand passa... à l'obéissance. Il se mit au « garde à vous » comme devant un supérieur, écouta silencieusement et ne répondit pas. Depuis, il arriva toujours très ponctuellement.

Le fait m'a été raconté par plusieurs officiers prisonniers à Mayence; il était de notoriété publique dans la citadelle.

On m'a expliqué qu'au fond il était moins étrange qu'en apparence ; on m'a dit, et je l'ai aussi remarqué, que l'Allemand, autoritaire et brutal devant la faiblesse, devient craintif ou respectueux devant la force morale ou physique. Le meilleur moyen de se faire respecter, c'est de lui tenir tête.

Ce qui ne se modifia pas, et ne se modifiera sans doute pas davantage dans l'avenir, c'est la monnaie de singe, dont j'ai déjà vu des spécimens à Wetzlar. Les pièces portent ici les mots : « Zitadelle Mainz[1]. » Tout l'argent français que les prisonniers veulent employer est changé en cette monnaie ; et il leur est impossible de se procurer d'autre argent allemand. C'est un ingénieux moyen de surveillance; car un captif, qui réussirait à s'échapper d'une citadelle ou d'un camp, serait trahi par ses jetons au premier achat de provisions qu'il voudrait faire.

1. Citadelle de Mayence.

Mais d'autres points furent gagnés.

L'ordinaire s'améliora : le café du petit déjeuner fut moins mauvais ; on servit, à midi, un potage, un plat de viande, des pommes de terre et parfois des confitures ; le soir, un plat de viande et des pommes de terre. La cantine eut le droit de vendre du vin et de la bière.

Dans chacune de leur chambrée, les officiers eurent un soldat français pour ordonnance.

Ils obtinrent la permission de se promener dans toute la cour, au lieu d'être relégués dans un coin.

Ils organisèrent une ligue anti-cafarde. Ce vieux mot de cafard, dont le sens est : faux, hypocrite, a depuis longtemps changé sa signification au service de nos marins. A bord des navires de guerre, et maintenant parmi les troupes de terre et même ailleurs, le mot cafard veut dire triste, mélancolique. Avoir le cafard, c'est être plongé dans une humeur noire. La ligue anti-cafarde s'était créée pour empêcher les prisonniers de tomber dans le marasme. Elle établit des conférences qui se donnent dans la salle à manger trois fois par semaine : dimanche, mardi, vendredi ; qui durent environ une heure et roulent sur des sujets très divers, toujours traités avec compétence.

J'ai assisté à plusieurs de ces conférences ; j'ai entendu un officier d'état-major exposer les principales phases des débuts de la guerre : la bataille de Charleroi, la retraite de la Belgique et du Nord et la bataille de la Marne.

Les réservistes parlaient sur les sujets spéciaux que leur situation sociale leur avait rendus familiers. Un commerçant du Nord nous donna des précisions sur l'industrie lainière ; un ingénieur, sur la fabrication des obus. Je parlai sur les religions de l'Inde : fétichisme, bouddhisme et brahmanisme.

Ces conférences ont le double avantage de forcer au travail ceux qui les font, d'intéresser et d'instruire ceux qui les entendent. C'est de la vie intellectuelle française, qui fleurit sous les épaisses murailles de la citadelle allemande, et allège le fardeau de notre monotone existence.

Une chapelle avait été installée dans une salle pouvant contenir 150 personnes. Les trois prêtres français prisonniers dans la citadelle y célébraient quotidiennement la messe de 7 à 9 heures du matin; un lieutenant d'artillerie répondait la mienne.

Tous les jours, plusieurs officiers y assistaient et, le premier vendredi de chaque mois, 35 à 40 d'entre eux communiaient.

Quelques-uns s'étaient convertis pendant la campagne et n'en faisaient nul mystère. La guerre est le « fléau de Dieu »; par certains côtés, elle en est la miséricorde; elle emporte vers lui des âmes qui, sans elle, auraient végété dans la médiocrité des intérêts personnels à courte vue et des passions vulgaires.

Pendant la messe, ils chantaient des cantiques français; le cantique à Jeanne d'Arc avait leurs préférences. Leurs voix, mâles et fortes, enthousiastes, résonnaient comme une ardente prière à Dieu, dirai-je aussi presque comme un défi à nos gardiens.

Parmi les officiers catholiques alliés, je distinguai un professeur de critique historique à l'université de Louvain, qui communiait tous les jours, plusieurs Polonais, un Irlandais âgé de 40 à 50 ans, qui avait fait en amateur la guerre du Transwaal ; ayant pris goût à la vie du soldat en campagne, il s'engagea dès le commencement des hostilités contre l'Allemagne. « Mais, disait-il quelquefois avec un accent de regret, en comparant les luttes africaine et européenne, c'était bien plus intéressant là-bas. »

L'aumônier, un Alsacien, en temps de paix professeur à Strasbourg, venait chaque dimanche dire la messe et adresser une allocution aux assistants. Il était intelligent, instruit et jouissait de l'estime générale.

De notables différences séparaient évidemment ma situation à Mayence de celle que j'avais eues à Chauny et à Avesnes, mais elle leur ressemblait en un point, le plus intime, le plus délicat et aussi le plus douloureux. Ici comme là-bas, j'étais prisonnier, c'est-à-dire séquestré, observé, surveillé par des ennemis qui traitent trop souvent les captifs avec une hauteur méprisante.

Je restai à Mayence jusqu'au 10 mai, à peine trois semaines, puisque j'y étais arrivé le 23 avril. On nous dit que des réparations importantes allaient être faites à notre prison, qui nécessitaient notre départ. J'ignore de quel genre de réparations il s'agissait, et j'avoue que je me suis demandé, et d'autres également, si l'autorité allemande n'imposait pas quelquefois ces changements de résidence pour faire paraître plus grand le nombre des prisonniers. Aux yeux des ignorants et des irréfléchis, qui abondent un peu partout, les prisonniers transférés étaient des prisonniers nouveaux, qui se multipliaient en raison de la fréquence de leurs permutations.

Quoi qu'il en soit, tous les captifs, excepté les Russes, quittent la citadelle de Mayence, les uns pour Stralsund, et les autres pour le camp de Giessen, à l'est de l'Allemagne. Je suis rangé parmi les premiers.

STRALSUND. — DÄNHOLM

Passer du Rhin à la Baltique eût pu me paraître, en d'autres circonstances, un voyage assez agréable. Aujourd'hui je n'y vois guère qu'une double conséquence attristante : ce voyage m'éloigne davantage de la France et me plonge plus profondément dans l'Allemagne.

Nous partons l'après-midi du 10 mai, et le lendemain dans la matinée, nous sommes près de Berlin. Le temps est beau et clair. D'une des gares de ceinture où nous stationnons, j'aperçois des clochers, le sommet de quelques monuments, des cheminées d'usines qui, sans doute, fabriquent des mitrailleuses et des obus, la Sprée qui roule ses eaux paisibles à travers une large plaine de sable.

Ce jour-là, nous faisons un seul repas, à 3 heures du soir.

Six heures plus tard, nous arrivons à Stralsund, à 200 kilomètres de Berlin.

De la gare au lieu où l'on nous conduit, le trajet dure sept à huit minutes ; les habitants, curieux de contempler des officiers français, remplissent les rues de la ville; ils parlent assez haut, quelques-uns rient, mais personne ne nous insulte. Arrivés au bord de la mer, nous montons sur un bac et passons dans l'île de Dänholm.

Cette île se divise en deux parties inégales, appelées, selon leur superficie, la grande et la petite Dänholm, et séparées par un étroit bras de mer.

J'habitais, dans la petite, une longue construction que traversait un corridor, bordé de chaque côté par des chambres à deux fenêtres et aux minces cloisons de planches ou de briques.

Notre chambrée de Mayence s'était disloquée; plusieurs officiers, ayant retrouvé des camarades de leur régiment, allèrent loger avec eux. Nous restons cinq, et on nous adjoint quatre lieutenants aussi parfaitement aimables que ceux qui nous quittaient.

La pièce que nous occupons fait partie d'un

rez-de-chaussée qui compose toute l'habitation ; elle est éclairée à l'électricité, mais elle n'a guère plus de 20 mètres de surface ; et pour loger nos neuf lits, on les a, comme dans une cabine de navire, amarrés deux par deux, l'un au-dessus de l'autre. Cette superposition n'augmentait pas le cube d'air, et comme il nous était ordonné de tenir nos fenêtres fermées pendant la nuit, les dormeurs se réveillaient dans une étuve.

Devant nous, s'étendait un assez vaste champ de pommes de terre ; par delà, surtout dans nos promenades à travers l'île, nous apercevions les anciennes églises catholiques de Stralsund transformées à l'époque de la Réforme en temples protestants. La chapelle catholique actuelle, très modeste, se dérobait à nos yeux ; elle suffit aux 1.000 fidèles de l'Eglise romaine que renferme la ville peuplée de 35.000 habitants. De l'autre côté, dans un lointain plus vaste, l'île de Rugen profile ses côtes aux profondes découpures, et la mer déroule à perte de vue son immensité qui s'en va baigner les côtes danoises, suédoises et russes.

Quoique la Baltique n'ait pas de flux et de reflux, et par conséquent n'offre pas au regard le mouvement distrayant de notre Océan, cependant ses flots, tantôt calmes et bleus sous l'azur du ciel, tantôt soulevés par le vent d'est, sillonnés par les barques des pêcheurs, jetaient une note de vie dans notre horizon.

A partir de 7 heures du matin, il nous était permis de nous promener dans les deux parties de l'île, et même de pêcher à la ligne dans la lagune qui les séparait, mais il nous était interdit d'approcher de la mer, et pour nous rendre l'obéissance plus facile, et se garder contre nos tentatives d'évasion, les Allemands avaient tendu des fils de fer à quelques mètres du rivage.

Des Russes essayèrent cependant de passer outre à la défense et aux fils de fer; l'un d'eux s'aboucha avec un pêcheur et lui versa une somme d'argent contre la promesse d'être transporté à la côte danoise. L'Allemand empocha l'argent, prévint la police, et quand, au jour et à l'heure convenus, le Russe se présenta au rendez-vous, il fut arrêté, pendant que le traître allait toucher la prime accordée à qui révèle une tentative de fuite.

Le second essai ne fut pas plus heureux : quatre Russes, excellents nageurs et bons marcheurs, résolurent de ne se fier qu'à eux-mêmes ; ils purent cacher aux gardiens leur sortie de prison, gagner le rivage et s'y déshabiller. Ils firent de leurs vêtements un paquet qu'ils placèrent sur leur tête et traversèrent à la nage le bras de mer qui sépare notre île de Stralsund ; mais pendant la traversée l'un d'eux perdit ses vêtements, qui tombèrent à l'eau. La côte de Stralsund n'ayant rien de commun avec le paradis terrestre, il jugea bon de commander un costume, qui, bien entendu, lui valut un nouvel emprisonnement.

Deux autres furent rattrapés avant la fin de la journée ; le quatrième se dirigea vers la Hollande, marchant de nuit, se cachant de jour, vivant le plus souvent de ce qu'il trouvait dans les champs, et achetant le plus rarement possible des provisions dans les maisons isolées ou dans les petits villages. Ses achats finirent par le trahir ; il fut arrêté à 50 kilomètres de la frontière hollandaise.

Cette dernière tentative de fuite nous attira quelque sévérité et un redoublement de surveillance. On coupa entre la grande et la petite Dänholm les communications, qui cependant furent assez vite rétablies.

Un peu avant ces incidents, j'avais reçu, le 20 mai, des lettres de France, les premières depuis mon arrestation à Cuts, le 17 septembre. Ah ! comme elles furent les bien venues. Je ne me lassais pas de relire ces lignes qui me parlaient de souvenir, d'affection, de prière, de secours que l'on m'envoyait. Quelle douceur pour le pauvre prisonnier !

Je reviens encore une fois au chapitre de la nourriture ; cette insistance s'explique d'elle-même. Ces notes sont écrites pour faire connaître les détails de la détention que nos officiers et nos soldats subissent dans les hôpitaux, les villes, les camps, où j'ai partagé leur sort.

Ils endurent la faim. J'ai le devoir d'en porter témoignage.

Voici comment les choses se passaient à Dänholm :

Chaque officier recevait du gouvernement

allemand 60 marks par mois. Il en versait 45 au cantinier, qui, pour ce prix, donnait le petit déjeuner du matin et le déjeuner de midi. Ces repas étaient ainsi composés : le matin, café ; à midi, un potage, un plat de viande et un autre de pommes de terre.

Le soir, néant.

La raison de ce néant était aussi simple que péremptoire : Quand nous avions versé 45 marks, il nous en restait 15, avec lesquels nous devions payer le blanchissage, le tabac et l'ordonnance. Comment, en outre, prélever sur cette modique somme le prix de trente dîners ?

On essaya d'avoir une légère collation pour 50 pfennigs, mais au bout de quelques jours le cantinier déclara qu'il s'y ruinait.

On fit avec un autre cantinier une nouvelle combinaison tout aussi éphémère. Bref, la plupart du temps, le soir, on mangeait peu de chose ou rien du tout.

Nos officiers jugeaient de leur dignité de ne pas trop s'en plaindre. Mais l'inégalité de traitement entre eux et les officiers allemands prisonniers en France leur paraît injuste et intolérable.

Qu'il me suffise de dire que je partage complètement leur opinion.

A Dänholm, le service religieux était assuré par un aumônier originaire du Luxembourg, fils de parents prussiens, et curé de Stralsund depuis 18 à 20 ans. Il était dans l'expression de ses sentiments moins réservé que les aumôniers de Wetzlar et de Mayence, et ses sentiments n'avaient rien de francophile. Ayant obtenu pour les prêtres polonais l'autorisation de dire la messe une fois par semaine dans une salle de la cantine, il jugea que cette permission pouvait m'être appliquée.

Je lui exprimai le désir de célébrer chaque jour, en ajoutant que c'était aussi le vœu des officiers français. « Pourquoi ? me répliqua-t-il avec une certaine brusquerie ; les prêtres polonais ne célèbrent qu'une fois ; ne pouvez-vous faire de même ? Et puis, vos officiers n'assisteront pas à votre messe, ce sont des hommes qui ont perdu toute croyance. » Cette réponse me déplut ; m'empêcher de célébrer et calomnier nos officiers étaient deux choses difficiles à supporter.

Cependant, du ton le plus calme je lui fis observer qu'à Mayence on m'avait permis la célébration quotidienne de la messe, et que son opinion sur le compte des officiers français était erronée. « Je les ai vus, lui dis-je, pendant la campagne et dans les hôpitaux ; je les vois de plus près encore, puisque je vis avec eux, je vous affirme que beaucoup d'entre eux sont de vrais catholiques, de foi forte et de convictions profondes.

— Ah ! se contenta-t-il de répondre avec un accent d'incrédulité.

Cependant, mon insistance produisit quelque impression sur lui, car il demanda pour moi à la Kommandantur, qui l'accorda, l'autorisation de célébrer quotidiennement la messe dans la chapelle. Un jour même il vint y assister, et quand il vit nos officiers à genoux prier avec ferveur, une vingtaine d'entre eux communier, quand il les entendit chanter à plein cœur nos beaux cantiques de France, l'émotion le gagna, et ses yeux se remplirent de larmes ; mais il ne revint plus.

Les sous-officiers essayèrent parfois de lier conversation avec nous. Ils nous disaient, sans doute pour nous faire plaisir, que la guerre finirait dans peu de temps, car la Russie était perdue, et que toutes les forces allemandes se tourneraient contre nous, qui bientôt serions également vaincus.

Alors, moitié sérieux, moitié souriants, nous leur demandions s'ils comptaient prendre Paris, et ils avouaient qu'ils ne l'espéraient plus. « Paris, impossible », répétaient-ils.

La durée de la guerre les préoccupait autant que nous, et volontiers ils nous interrogeaient à ce sujet. Nous leur répondions invariablement et le plus sérieusement du monde que, s'il le fallait, la guerre durerait trois ans, que nous n'étions pas pressés, car en France il y avait des vivres et du bon pain blanc en abondance.

En entendant ces paroles, ils nous regardaient avec de grands yeux pleins de crainte et d'appréhension.

Notre ténacité, qui n'a jamais passé pour être une qualité française, les étonnait et aussi le patriotisme ardent de nos officiers.

J'ai été, sur ce dernier point, témoin d'un fait typique. Un jour, le commandant allemand annonça à trois de nos officiers qu'ils allaient être internés dans une forteresse et soumis à un régime rigoureux, par mesure de représailles, assura-t-il, parce que des officiers allemands, prisonniers dans les Alpes, enduraient de mauvais traitements. Nos trois officiers prirent la chose crânement; ils répondirent au commandant qu'ils ne croyaient pas à l'existence de ces mauvais traitements en France, mais qu'ils étaient heureux et fiers d'être choisis comme otages et de souffrir pour leur pays.

En prenant leur dernier repas avec sept ou huit de leurs amis, tous très jeunes, ils firent apporter du vin; puis, debout, choquant leurs verres, et comme électrisés par la même pensée, ils s'écrièrent d'une seule voix : « Vive la France ! Mort aux Boches ! »

Ce cri retentit dans toute la cantine, les Allemands le comprirent-ils ou affectèrent-ils de ne pas le comprendre ? Aucun d'eux ne bougea.

A Stralsund, les officiers n'organisèrent de conférence qu'après trois semaines de séjour; la conversation y gagnait en durée; on devisait de tout un peu : religion, philosophie, économie sociale ; et si les interlocuteurs n'étaient pas toujours d'accord, ils se quittaient néanmoins bons amis, avec l'espoir d'amener, lors de la prochaine rencontre, les contradicteurs à leur opinion.

Plusieurs se livraient à des études particulières. Pour ma part, j'enseignais le français à un capitaine anglais, l'anglais à trois officiers français, et j'apprenais l'allemand. Il était convenu que j'allais devenir professeur de latin, quand on parla d'un échange de prisonniers, principalement des médecins et des infirmiers.

RETOUR EN FRANCE

Au début des hostilités, les alliés, respectueux des conventions internationales, laissaient en liberté le personnel sanitaire ennemi; mais quand ils virent les Allemands lancer leurs obus sur les ambulances comme sur des citadelles, emprisonner médecins, infirmiers et brancardiers, ils comprirent que cette loyauté leur faisait jouer un rôle de dupes, et se résolurent à imiter leurs adversaires. C'était un moyen de forcer ceux-ci à cesser leurs manœuvres. Lorsque le gouvernement allemand comprit qu'il ne pouvait plus agir impunément, il jugea prudent de s'arrêter et de revenir, en partie du moins, à l'observation des traités. La crainte fut, ce jour-là encore, le commencement de la sagesse. Le présent et l'avenir étaient sauvegardés; il fallait réparer le passé. Les prisons et les camps de concentration de l'Allemagne et les nôtres renfermaient des milliers d'hommes détenus; les premiers contre tout droit, les seconds par de justes représailles. On convint de les échanger.

Le premier échange, qui eut lieu vers la mi-juin et concerna les médecins anglais, nous donna l'espoir que notre tour viendrait.

Quelques jours plus tard, en effet, des sous-officiers nous dirent qu'on parlait du départ de médecins français.

Le 9 juillet, un de nos officiers, s'étant rendu à la Kommandantur, vit la liste des infirmiers désignés pour regagner la France.

Il remarqua l'absence de mon nom et en fit l'observation, ajoutant :

« Il est assimilé aux officiers parce qu'il est prêtre, mais il est infirmier militaire. »

A la suite de cette gracieuse intervention tout accidentelle, on m'inscrivit au nombre de ceux qui devaient être rapatriés.

Le soir même, on me fit appeler à la Kommandantur ; j'y trouvai neuf médecins et quatre infirmiers. On régla notre compte de cantine en défalquant le prix de nos dépenses depuis le 1er juillet.

Deux heures plus tard, on nous prévient de nous préparer à partir. Je fais mes adieux aux officiers de ma chambrée et à ceux qui ont entretenu avec moi des relations.

Je ne sais quelle impression ils gardent du prêtre infirmier militaire, pour moi je conserve d'eux le meilleur souvenir, non pas au sens plus ou moins banal de cette expression si souvent employée, mais au sens vrai et profond. J'ai beaucoup souffert pendant la durée de mon séjour sous l'autorité allemande; les joies que j'ai éprouvées en vivant au milieu des officiers français m'ont été une large compensation. A Mayence et à Dänholm, j'ai admiré l'élévation et la délicatesse de leurs sentiments, la distinction de leurs manières, l'affabilité de leur conversation, la loyauté de leur caractère. Je les ai vus pleinement conscients de leur rôle et de leurs devoirs, animés du plus ardent patriotisme, tels enfin que je me les représentais dans un idéal que la réalité eût pu détruire ou diminuer, et qu'elle n'a fait que confirmer et grandir.

Vers quatre heures du soir, notre petite escouade de quatorze Français se rend à la gare à pied, escortée de soldats allemands. Nous montons dans le train en partance pour Berlin. Comme lors de mon premier passage, je ne vois de la capitale prussienne que les clochers et les cheminées des usines. Nous traversons la Saxe, la Thuringe, le grand-duché de Bade. Parfois nous jetons au hasard un coup d'œil sur le décor un peu sombre des montagnes couvertes d'épaisses forêts, et sur le panorama lumineux de larges et fertiles vallées, parsemées de villages que leurs maisons aux toits rouges, aux murs blancs et aux volets verts, font ressembler à d'énormes bouquets.

En réalité, nous regardons plus loin, au delà des frontières d'Allemagne, au delà des frontières de Suisse...

Les soldats postés dans notre wagon se font aimables et complaisants. Ils se disent sans doute, comme le cuisinier de Wetzlar, qu'il est bon de se ménager des intelligences dans le pays des Français, si jamais leur tour vient d'y être prisonniers.

A Constance, je me sépare des médecins, qui partent immédiatement pour la France, et des infirmiers, qui ont un logement spécial, et je me rends à l'hôtel Crosne, où sont les prêtres renvoyés du camp de Celle.

Une sentinelle se promène devant la porte sans s'occuper de nos allées et venues. Je retrouve là deux prêtres, anciens infirmiers de la 2e ambulance, que je n'avais pas revus depuis Cuts, et deux ou trois prêtres bretons que j'avais soignés à Chauny.

Le lendemain soir, 12 juillet, nous quittons Constance.

Quelques minutes plus tard nous sommes sur le territoire suisse, où nous accueillent des cris mille fois répétés de Vive la France! Des sentinelles suisses, qui devaient nous accompagner jusqu'à Bellegarde, prennent la place de nos surveillants allemands.

Au premier arrêt, des jeunes filles en costume de fête viennent présenter un bouquet à l'officier le plus élevé en grade qui se trouve parmi nous.

Celui-ci descend de son wagon, accepte non

sans émotion les fleurs, embrasse la jeune fille qui les lui offre, pendant que les témoins de cette scène gracieuse applaudissent et nous acclament.

Toute la nuit, à chaque halte, les habitants des villages, avertis de notre passage et massés sur les trottoirs, nous jettent des cigares, du tabac et des fleurs. Ces démonstrations me reportent à onze mois en arrière, en août 1914, quand nous traversions les départements du centre de la France.

Je n'ai pas encore eu le temps de me rappeler tous les souvenirs de cette époque, qui me semble si lointaine, que l'on crie : « Zurich, tout le monde descend ! »

Nous dînons à la gare, et nous nous montrons les uns aux autres le pain blanc qu'on nous sert. Quelle différence avec le pain allemand ! A la fin du repas, le vice-recteur de l'Institut catholique de Lille, qui revient du camp de Celle, nous engage à chanter la cantate à Jeanne d'Arc. Déjà nous sommes debout, et la gare retentit de nos voix vibrantes de joie.

Nous passons à Genève à 4 heures du matin.

Vers 7 heures, le 13 juillet, le train ralentit sa marche. Tout d'un coup éclate une sonnerie de clairons français ; une secousse électrique jette tout le monde aux portières... Bellegarde... La France!

Un piquet de soldats commandés par un officier présente les armes; une foule énorme nous salue de ses plus chaleureux vivats.

Nos cœurs sont étreints d'une émotion intense; amour du pays, joie de le revoir, reconnaissance de son accueil, tristesse de nos souvenirs, regret des absents qui souffrent encore dans les citadelles et les camps de concentration de l'Allemagne, tous ces sentiments bouillonnent dans nos âmes.

Les larmes coulent, un grand bonheur m'envahit. Je suis en France, je suis libre...

. . . .

Demain, s'il plaît à Dieu, je consacrerai de nouveau cette liberté à mon pays; je reprendrai mon sac et mon brassard, et, sans avoir encore les galons de caporal, oh, l'aimable souvenir! je retournerai sur le front, prêtre et infirmier militaire, soigner et consoler ceux qui continueront de combattre et de souffrir pour la France.

Parmi ceux qui liront ce récit, plusieurs peut-être me demanderont : Que pensez-vous de l'Allemagne? Les Allemands tiendront-ils longtemps encore contre les alliés? Quand obtiendrons-nous la victoire finale

J'étais prisonnier, j'ai vu très peu de choses de l'Allemagne. Mais nos ennemis possèdent des forces considérables. Leurs ressources en hommes, en argent, en approvisionnements paraissent encore assez loin d'être épuisées. Si les soldats et les rares employés que j'ai eu l'occasion d'entendre redoutent la longueur de la lutte, les officiers demeurent prêts à tous les sacrifices ; leur chef veut dominer l'Europe.

C'est un côté de la situation.

Il y en a un autre

Les alliés développent leurs armements ; ils mettent en œuvre avec la dernière énergie tous les progrès de la science militaire la plus étendue ; ils diminuent par une surveillance incessante et des combats sans trêve les ressources de leurs adversaires, qui pourront difficilement les augmenter. Ils connaissent le sort que la défaite leur réserverait. Ils doivent vaincre ou subir la maîtrise de l'Allemagne.

En face de telles forces et d'un tel enjeu, le peuple de France serait-il sage de se bercer de l'espoir de résultats définitifs et heureux à brève échéance, de ne pas prémunir ses pensées contre les inconstances attristées et les illusions décourageantes ; de s'appuyer sur des mots qui n'ont de fort que leur sonorité et des arguments sans autre valeur que leur illogisme pratique? Si l'on peut se dire que de cette situation terriblement compliquée surgiront des circonstances imprévues, serait-il raisonnable de penser que cet imprévu doit nous être entièrement favorable?

Ne vaut-il pas mieux que notre vaillance grandisse et que notre persévérance s'affermisse par la claire vue des obstacles que rencontrent nos efforts?

Un seul sentiment est assez profond pour

nous garder contre toutes les défaillances : l'amour de la patrie.

C'est en lui qu'il faut puiser notre véritable espoir et placer le fondement de notre triomphe.

Aimons donc la France, aimons-la de tout notre cœur et de toutes nos forces, aimons-la dans la tranchée, dans l'ambulance, dans l'exil, dans la captivité, dans la bataille, aimons-la toujours et partout.

A l'amour indéfectible de la patrie, que les chrétiens ajoutent la confiance, mais la confiance agissante « en Celui qui tient tout en sa main, qui sait le nom de ce qui est et de ce qui n'est pas, qui préside à tous les temps et prévient tous les conseils ».

TABLE DES MATIÈRES

Poitiers. — Imp. G. Roy, 7, rue Victor-Hugo.

www.ingramcontent.com/pod-product-compliance
Ingram Content Group UK Ltd.
Pitfield, Milton Keynes, MK11 3LW, UK
UKHW022109260726
13993UKWH00001B/406

9 782019 921859